DESCUBRA SEU DESTINO

Dados Internacionais de Catalogação na Publicação (CIP)
(Câmara Brasileira do Livro, SP, Brasil)

2ª ed.

Sharma, Robin S., 1964- .
Descubra seu destino : os sete estágios para o autoconhecimento / Robin S. Sharma ; tradução Marcos Malvezzi Leal. – 2ª ed. – Campinas, SP : Verus Editora, 2010.

Título original: Discover your destiny with the monk who sold his Ferrari
ISBN 978-85-7686-027-3

1. Autoconhecimento 2. Conduta de vida 3. Desenvolvimento pessoal 4. Fábulas 5. Felicidade 6. Ficção didática 7. Realização pessoal I. Título.

07-7692 CDD-158.1

Índices para catálogo sistemático:

1. Autoconhecimento : Desenvolvimento pessoal : Psicologia aplicada 158.1

ROBIN SHARMA

DESCUBRA SEU DESTINO

Os sete estágios para o autoconhecimento

2ª edição

Tradução

Marcos Malvezzi Leal

VERUS editora

Título original
Discover your Destiny with the Monk who Sold his Ferrari
The 7 Stages of Self-Awakening

Editora
Raissa Castro

Coordenadora Editorial
Ana Paula Gomes

Copidesque
Carlos Eduardo Sigrist

Revisão
Caroline Nelson Vieira
Maria Lúcia A. Maier

Diagramação
Daiane Avelino

Capa e Projeto gráfico
André S. Tavares da Silva

VERUS EDITORA LTDA.
Rua Benedito Aristides Ribeiro, 55
Jd. Santa Genebra II - 13084-753
Campinas/SP - Brasil
Fone/Fax: (19) 3249-0001
verus@veruseditora.com.br
www.veruseditora.com.br

Este livro é dedicado aos companheiros que buscam, aquelas bravas almas que exercem a coragem de sair da multidão e encontrar seu caminho de volta para casa, para um lugar chamado autenticidade.

Que sua resolução de despertar e viver no *verdadeiro* poder seja inabalável. Que as lições que você deve aprender cheguem de maneiras agradáveis. Que suas noites escuras da alma sejam poucas e bem distantes umas das outras. E que você brilhe tanto que, no fim de seus dias, tudo faça uma pausa e diga: "Ah, aqui está alguém que viveu a vida plena e completamente".

A fonte escondida de sua alma deve subir e deixar as águas
correrem murmurando para o mar;
E o tesouro de suas infinitas profundezas deve ser revelado a
seus olhos.
Mas que nenhuma balança pese seu tesouro desconhecido;
E não procure a profundidade de seu conhecimento com cajado
ou sonda.

KAHLIL GIBRAN, *O PROFETA*

Coveiro, quando cavar minha sepultura, faça-a rasa para eu
poder sentir a chuva.

DAVE MATTHEWS, *SOME DEVIL*

Agradecimentos

Tenho a bênção de viver cercado de muitas pessoas extraordinárias. Sem elas, não seria possível fazer o que faço e pôr em prática minha missão de ajudar as pessoas a viver seu maior potencial. A todos aqueles que me ajudaram a dar forma às minhas ideias, encorajaram-me a sonhar grande e auxiliaram na difusão de minha mensagem, sou profundamente grato.

Devo um agradecimento especial a minha equipe na Sharma Leadership International. Em particular, agradeço a Marie Witten, minha maravilhosa assistente executiva; Al Moscardelli, com quem posso contar em tantos sentidos; e Marnie Ballane, cujo entusiasmo sempre me inspira.

Também é importante expressar minha gratidão a toda a equipe da HarperCollins, que tem apoiado muito meu trabalho. Agradeço a Iris Tupholme, David Kent, Akka Janssen, Kevin Hanson, Noelle Zitzer, Lisa Zaritzky, Martha Watson, Lloyd Kelly, David Millar, Kristin Cochrane, Michaela Cornell, Neil Erickson, Alan Jones e Ian Murray, bem como aos representantes que ajudaram a levar cada um dos livros da série *O monge que vendeu sua Ferrari* a meus queridos leitores.

Quero também agradecer, pelo magnífico trabalho, a minha editora, Nicole Langlois, que está comigo há muito tempo. Sempre foi um verdadeiro prazer trabalhar com você, em cada momento. Claro que agradeço também aos clientes corporativos da Sharma Leadership International, que me permitem o privilégio de partilhar minhas ideias sobre liderança, desempenho de elite e autodomínio com seus funcionários, na qualidade de consultor de gerenciamento, treinador executivo e orador. Devo dizer ainda que me sinto muito afortunado por ter tamanho apoio dos leitores. Tudo que eu faço é para os leitores de meus livros, e dedico um agradecimento do fundo do coração a cada um de vocês, por acreditarem em mim. Obrigado por me darem uma chance de viver meu destino.

Minha família tem me encorajado desde o primeiro dia. Quando eu nada tinha, além de um livro de publicação independente e muitas portas fechadas, eles me ofereceram uma base de inspiração e inesquecível apoio. Sou abençoado por ter os pais que tenho, duas pessoas cuja sabedoria e bondade me formaram mais do que posso expressar em palavras. Agradeço também a meu irmão Sanjay – um ser humano verdadeiramente agraciado – e a sua esposa, Susan, outra pessoa maravilhosa. Eu não poderia deixar de comentar a dádiva que os dois filhos deles, Neel e Evan, trazem a minha vida. Um agradecimento especial a minha amada Nina, por todo o seu amor e todas as bênçãos que você me trouxe. E finalmente devo agradecer a meus dois filhos incríveis, Colby e Bianca, por me ensinarem o significado do amor incondicional, da criatividade ilimitada e da genuína alegria. Vocês dois trazem tanta felicidade a minha vida, e eu os amo mais do que as palavras podem expressar.

Sumário

Introdução

Você é muito maior do que jamais sonhou ser. E não importa o que esteja passando no momento, confie que tudo está indo bem e se desenvolvendo em seu benefício. Isso pode não parecer bonito, mas é exatamente o que você precisa aprender para se tornar a pessoa que está destinado a ser. Tudo que está ocorrendo em sua vida foi orquestrado com perfeição para inspirar sua evolução máxima como ser humano e conduzi-lo a seu verdadeiro poder. Aprenda com a vida e deixe que ela o leve aonde você deve ir – ela visa a seus melhores interesses.

Nas páginas deste livro, você descobrirá muitas respostas às perguntas mais importantes da vida. Eu rezo para que você encontre muitas verdades e ganhe um bom *insight* sobre o modo como funciona o mundo e como você pode ser bem-sucedido nele. Mas, no fim, as respostas que procura já estão no fundo de seu coração. Não há outro lugar para procurá-las. Sim, minhas palavras podem lhe dar aberturas e servir para ajudá-lo a se lembrar daquilo que você já sabe em sua essência. Mas não duvide que já exista, de fato, um tesouro de sabedoria, poder e amor adormecido dentro de você, só esperando para ser desperto por sua parte mais corajosa. Não é inspirador saber isso? *Você já é tudo que sempre quis se tornar.* Apenas precisa fazer o trabalho interior necessário para remover os bloqueios que encobrem – e negam – sua natureza original.

O propósito da vida humana, creio, é andar pelo caminho desse Grande Despertar do Eu e retornar para casa, para quem você já foi (e para o lugar que você conhecia). Minha firme convicção é que os recém-nascidos representam a perfeição e o estado de ser a que cada um de nós tem o dever de retornar. No instante logo após seu nascimento, você não tinha medo, era puro amor, inocente, infinitamente sábio, com potencial ilimitado e maravilhosamente ligado à mão invisível que criou o universo. Quando era uma criança ainda pequena, você vivia tomado de deslumbramento e cheio de vida. Na verdade, naquela época você era quase iluminado (ser iluminado significa ser todo luz: alguém que é todo luz não tem sombras, não tem um lado negro, nem medos, raiva, ressentimentos e limitações).

A maioria das pessoas no planeta, hoje em dia, perdeu essa ligação com seu autêntico eu, esse estado original do ser no qual não tínhamos medo de caminhar rumo à possibilidade e de almejar as estrelas. *Não sabemos quem somos.* Transformamo-nos em pessoas que se comportam de modo egoísta, temeroso e prejudicial. Esse comportamento não é um reflexo de nossa natureza essencial, e sim das feridas que sofremos quando deixamos para trás a inocência em que nascemos e então seguimos a jornada de nossos dias. Só as pessoas que vivem em dor fazem coisas dolorosas. Só as pessoas feridas podem ferir os outros. Só as pessoas com o coração fechado são capazes de agir de maneira não amável.

A única razão de estarmos vivos, penso, é para desenvolvermos nosso verdadeiro eu e *lembrarmos* a verdade acerca de quem somos fundamentalmente. E a vida apoiará você nessa busca. Você conhecerá pessoas e viverá eventos e testes que o convidarão a revelar mais de seu brilho e descobrir mais sobre suas possibilidades. Com frequência, essas lições não serão fáceis. O sofrimento sempre foi um veículo para um profundo crescimento espiritual. Geralmente, aqueles que passaram por grandes sofrimentos são os que evoluem para seres grandiosos. As pessoas que foram muito feridas pela vida são as que sentem rapidamente a dor dos outros. Aquelas que enfrentaram adversidades se tornam humildes e, como resultado, são mais abertas, compassivas e autênticas. Podemos não gostar do sofrimento, quando ele nos visita, mas seu propósito é útil: ele rompe a casca que cobre nosso coração e nos esvazia das mentiras a que nos apegamos acerca de quem somos, por que estamos aqui e como este notável mundo funciona. Finalmente esvaziados, podemos nos deixar permear de tudo que é bom, nobre e verdadeiro. Os problemas podem ser transformadores, se os deixarmos. Como escreveu Joseph Campbell: "Onde você tropeça, ali é que está seu tesouro".

Descubra seu destino é um livro sobre como reconquistar sua mais grandiosa vida. Tentei soltar meu coração nestas páginas e partilhar tudo que sei a respeito de liderança pessoal, autoconhecimento e viver com autenticidade. Você precisa saber que sou bastante humano. Todos os dias, luto contra minhas limitações, meus medos e o que chamo de meus "padrões antigos", aqueles velhos estilos de comportamento que aprendi no caminho. Vejo a mim mesmo como uma obra em andamento e estou sempre me desafiando a usar cada dia como uma plataforma para evoluir até os recessos mais altos de minha vida interior. Há um mito segundo o qual as pessoas que escrevem esse tipo de livro são seres iluminados, que passam o dia em glória e transcendência, falando verdades no topo de uma montanha. Na realidade, aprendi que cada um de nós tem trabalho a fazer, por mais que já tenhamos trabalhado a nós mesmos e por mais evoluídos que sejamos. Cada um de nós tem um lado iluminado e um lado escuro. Cada um tem falhas para corrigir e feridas internas que clamam por cura. Cada um de nós tem uma alma partida (enquanto tentamos conciliar o espiritual com o humano). Essa condição de imperfeição é o que nos faz humanos. E, quanto mais fundo mergulho em mim mesmo, mais percebo quão pouco eu sei. Como escrevi em *The Saint,*

The Surfer and The CEO, "o topo de uma montanha é o fundo da montanha seguinte". Quando chegamos ao pico da montanha que estamos escalando, adivinhe o que vemos lá? Outros picos para escalar. Assim é a vida na Escola Terra: crescimento e aprendizado infindáveis, cujo único propósito (ou propósito da alma?) é nos ajudar a lembrar e a reconquistar a grandeza – e a plenitude – que, infelizmente, nós perdemos.

E, embora eu tenha limitações humanas, admito também que fiz muito progresso em pouco tempo, em termos de remoção dos bloqueios que me mantinham tão pequeno (o que você também poderá fazer, se seguir o extraordinário processo explicado nas páginas a seguir). Poucos anos atrás, eu era um advogado de contencioso na pista rápida do sucesso, correndo atrás de dinheiro, fama e materialismo. Vivia a vida a partir do externo, e não do interno (e não era à toa que não ia bem). Passei por um divórcio muito difícil e agora crio meus dois filhos incríveis como pai solteiro. No caminho, sofri vários contratempos e, às vezes, provações pessoais aparentemente intermináveis. *Mas crescemos mais com nossos maiores desafios.* Compreendi que essas experiências serviram para me ajudar a pôr ordem em meus atos e em mim e me tirar de minha fragilidade. As maiores feridas da vida são, na verdade, gloriosas oportunidades para o crescimento pessoal, a transformação positiva e a reconquista do poder autêntico que você perdeu quando abandonou a perfeição da infância e entrou no mundo. Adote-as como os dons que elas são.

Em meio a todos os altos e baixos que esse incrível (e curto) jogo da vida lançou em meu caminho, jamais abri mão de meu compromisso de aceitar a responsabilidade por minha participação em tudo que se passou e nunca deixar de buscar meu eu maior no processo. Acredito que boa parte do que experimentamos na vida é prescrita. Mas também acredito que nós, como seres humanos, temos uma *enorme* quantidade de escolhas para criar uma vida bela a partir de nossos sonhos. O destino e nossas escolhas trabalham em conjunto para esculpir a forma de nossa vida. E é em nossas escolhas conscientes que, no fim das contas, nossos destinos são realizados. Esquecer isso é bancar a vítima. Desconsiderar essa verdade é negar o poder que nos foi dado de criar tudo que quisermos.

O caminho que descrevo neste livro – os sete estágios para o autoconhecimento – reflete a jornada eterna e arquetípica do líder ou do herói. Na tradição dos livros anteriores da série *O monge que vendeu sua Ferrari*, as mensagens neste volume são reveladas por meio das aventuras fictícias de Julian Mantle. Mas é importante lembrar que elas são *muito* reais e excepcionalmente poderosas. O processo inserido nos sete estágios pode ser encontrado, em várias formas, em muitos dos antigos textos de literatura tanto de sabedoria oriental quanto ocidental. Você é o herói ou a heroína de sua vida. Se resolver jogar seu maior jogo como ser humano (e eu sei que resolverá), este é o caminho que você também deve seguir. A viagem por ele *garante* seu autêntico sucesso.

O melhor modo de aprender é ensinar. Se você quiser realmente dominar este material e integrá-lo a sua vida, é essencial ensiná-lo a alguém num período de 24 horas após completar a leitura deste livro. Isso servirá a dois propósitos: primeiro, ajudará você a integrar o conhecimento; segundo, ajudará aqueles a sua volta a se lembrarem de quem *eles* são de fato. E, enquanto lê *Descubra seu destino*, envolva aqueles que você ama em conversas sobre o que está aprendendo. Partilhe com os outros suas visões. Dê voz às mudanças que você está comprometido a fazer no caminho para sua mais grandiosa vida. Assim, você vai aprofundar sua convicção e gerar resultados *duradouros*.

Obrigado por escolher este livro. Espero que ele lhe traga tudo que você procura nele (e muito mais). Sou grato pelas horas de sua vida que você reserva para ler esta obra e refletir nela. E respeito-o muito por dar esse passo gigante rumo à descoberta de seu destino. Ao ler este e outros livros da série *O monge que vendeu sua Ferrari*, você se junta a muitos homens e mulheres do mundo todo que já se tornaram parte de uma comunidade. Conversas extraordinárias acontecem em nosso ponto de encontro, *robinsharma.com*, um *site* em que você encontrará uma riqueza de ferramentas e suporte enquanto segue o caminho de seu destino.

Todos nós estamos ligados, em um nível invisível. À medida que você realiza sua cura, ajuda na cura do mundo. Deixando sua luz brilhar, você silenciosamente convida todos aqueles a sua volta a fazer o mesmo. Quando faz o trabalho necessário para deixar sua vida alcançar o ponto mais alto e melhor, você serve de modelo para outras pessoas jogarem seu maior jogo. E, como costuma dizer um de meus clientes, "Isso é uma coisa linda".

Eu lhe desejo imensas bênçãos em sua jornada chamada vida.

Com amor,
ROBIN SHARMA

1

Uma emergência espiritual

A vida não escuta sua lógica; ela segue o caminho próprio, imperturbável. Você é que tem de escutar a vida: ela não dá ouvidos a sua lógica, não liga para sua lógica.

– Osho

Eu sentia o frio do metal tocando-me a cabeça. Como tinha chegado àquele ponto? Eu estava realmente sentado no quarto de um motel vagabundo, com uma arma pressionada contra a têmpora e pronto para puxar o gatilho. O suor me escorria da testa, e o coração batia em ritmo louco. Minhas mãos tremiam descontroladamente. Ninguém sabia onde eu estava. Ninguém mais parecia se importar. Eu não tinha motivo para viver. Por isso, estava me preparando para morrer.

Eu já podia ver a manchete de meu obituário: "Dar Sandersen, empresário internacional no ramo de hotelaria, divorciado e pai de três filhos, falecido aos 44 anos – suicídio".

Mas, quando fechei os olhos e rezei minha última oração, algo inesperado – não, milagroso – aconteceu. Comecei a me sentir tonto e caí no chão, e a arma escorregou de minha mão. Enquanto eu lá estava, inerte, uma luz branca ofuscante começou a tomar conta de meu corpo. Mas, antes de você rejeitar minha história, saiba, por favor, que sempre fui uma pessoa bastante realista e sensata. Nada assim jamais havia me acontecido antes. Eu ria ao ouvir histórias místicas, considerando-as tolas e irresponsáveis. Não falava – e ainda não falo – com anjos, nem vivo a vida de acordo com a configuração dos astros. Entretanto, não posso descartar nem negar o que ocorreu comigo naquele quarto de motel apenas doze meses atrás. Foi uma experiência do divino? Foi um despertar espiritual? Foi apenas uma reação física ao estresse extremo que eu vivia? Na verdade, não sei. Só sei que aquilo desencadeou uma série de eventos que transformaram cada elemento da vida que eu conhecia.

A luz foi ficando cada vez mais brilhante. Logo, todo o meu corpo começou a tremer, como se eu estivesse tendo uma forte convulsão. O suor escorria em torrentes, enquanto meus braços, pernas e torso tremiam no chão frio e imundo. Aquilo continuou pelo que parecia uma eternidade. De repente, do nada, ouvi estas palavras, que cutucaram a parte mais profunda de meu ser: "*A vida é um tesouro, e você é muito mais do que sabe*".

E foi isso. Depois que essas palavras passaram como um *flash* por minha mente, parei de tremer. Apenas fiquei lá, em meio a uma poça de suor, olhando para o teto. Jamais sentira uma paz interior tão grande, em toda a vida. Eu estava completamente em meu corpo, totalmente dentro de meu coração. *A vida é um tesouro, e você é muito mais do que sabe.*

Algum tempo depois, eu me levantei devagar e guardei minhas coisas. Algo em mim, lá no fundo, havia mudado, embora não saiba explicar o quê – eu apenas *sentia* isso. Já não tinha interesse em acabar com minha vida. Talvez aquela voz estivesse certa – talvez eu tivesse muito mais dentro de mim do que pensasse.

Geralmente, quando passamos por momentos difíceis, pensamos que o modo como vemos o mundo reflete como o mundo é de fato. Essa é uma pressuposição falsa. Estamos apenas vendo o mundo a partir de nossa estrutura desesperançada de referência. Estamos vendo as coisas com olhos tristes e desesperados. A verdade dessa questão é que, quando começamos a nos sentir melhor, nosso mundo parece melhor. E quando voltamos a um estado de alegria interior, nosso mundo exterior reflete esse sentimento para nós. Aprendi que o mundo é um espelho. *Recebemos do mundo não o que queremos, mas quem nós somos.* Aprendi também que há temporadas em nossa vida e os tempos difíceis nunca duram. *Confie que o inverno de sua tristeza cederá lugar ao verão de sua alegria, assim como os brilhantes raios da manhã sempre seguem a parte mais escura da noite.*

Eu já não estava mais desesperado, sentindo pena de mim mesmo. Já não achava que não existia uma saída. Algum tipo de poder havia retornado a mim naquele dia. E, embora minha vida ainda fosse uma bagunça, que a verdade seja dita, eu começava a notar que possuía o poder de melhorá-la. Por algum motivo, eu *confiava* que alguma ajuda estava a caminho e que dias melhores viriam. Pouco sabia como seria maravilhosa essa ajuda e como minha vida seria bela. Mas, antes de eu entrar nesses detalhes, você pode estar se perguntando que circunstâncias levaram meu espírito a cair em tal estado de deterioração a ponto de eu pensar em suicídio.

Apenas poucos anos atrás, eu pensava que tinha a vida que todos sonhavam em ter. Tinha uma esposa adorável e inteligente, que me amava demais. Tinha três filhos saudáveis e felizes, que eram excelentes em tudo que faziam. Eu estava ganhando mais dinheiro do que jamais imaginara, sendo o dono de uma rede de hotéis luxuosos localizados em pontos sofisticados em todo o globo. Astros do cinema, personalidades glamorosas e riquíssimas eram meus clientes. Eu viajava a lugares exóticos, acumulava muitas bugigangas e havia me tornado bem conhecido, pelo menos no mercado em que eu trabalhava.

De repente, um dia, todo o meu mundo caiu. Cheguei em casa tarde, após um jantar de negócios com o vendedor de uma propriedade que eu estava interessado em comprar. Rachel costumava deixar algumas luzes acesas para mim, mas naquela noite a casa estava às escuras. Não fazia sentido – eram apenas dez horas. Onde estava Rachel? Onde estavam as crianças?

Entrei e acendi as luzes do *hall* de entrada e da cozinha. Só o silêncio me recebeu. Mas na mesa da cozinha havia um bilhete escrito na letra familiar de Rachel, que dizia: "Dar, levei as crianças para a casa de minha mãe. Eu não amo mais você. Sinto muito. Meu advogado lhe telefonará de manhã".

Nada pode preparar você para uma carta assim – nada. Embora eu fingisse que meu casamento estava indo bem, sabia que havíamos nos afastado. Sempre fora de casa, viajando e fechando negócios, eu passava tempo demais longe de meu casamento e de minha família, e o amor que conhecíamos havia se acabado. Eu também fingia ser um bom pai, e, visto de fora, isso devia parecer verdade. Mas as sábias almas de meus filhos sabiam a verdade. Mesmo quando me sentava ao lado deles, eu não estava presente, de fato. Nunca parava de pensar no trabalho e, emocionalmente, nunca estava disponível. Creio que a verdade é que eu era, naquela época, um homem incrivelmente egoísta. Acreditava que o mundo girava a minha volta. As necessidades e os sentimentos dos outros não eram tão importantes quanto os meus. Eu queria ser rico. Queria ser reconhecido. Queria vencer. E, no processo para alcançar tudo isso, perdi o que era mais importante.

A carta e o pedido de divórcio destroçaram meu coração. Tive de sair de casa e fui morar em um de meus hotéis. Só podia ver as crianças uma vez por semana e em alguns fins de semana. Comecei a beber demais e engordei um bocado. Antes eu sempre fora um sujeito bem-apessoado, de boa aparência e boa forma, mas agora tudo começava a degringolar. Acordava com enxaqueca, que só passava com a ingestão de álcool. Felizmente, não perdi meu negócio. Eu tivera a sabedoria de montar uma equipe administrativa de primeira classe, que, por lealdade a mim, cuidava do *show* enquanto eu ficava lambendo minhas feridas. Claro que eu ia a reuniões esporádicas e fechava negócios eventuais. Mas, a maior parte do tempo, ficava em casa sozinho, sentado em uma sala escura, ouvindo velhas músicas de Billie Holiday e batendo longos papos com Jack Daniel's. Essa foi a tragédia que me levou àquele quarto vagabundo de motel. Mas você precisa saber também que foi essa mesma tragédia que me levou a minha salvação.

Descobri que a dor e a adversidade são veículos poderosos para promover crescimento pessoal. Nada ajuda uma pessoa a aprender, crescer e evoluir mais depressa. Nada oferece uma oportunidade tão grande para alguém reconquistar seu poder autêntico como pessoa. Nossos olhos humanos veem isso como uma experiência negativa. Mas isso é puro *julgamento*, e por trás dessa falsa crença há puro medo. Entenda, o sofrimento surge quando acontece algo que não queríamos. Isso ocorre quando a vida nos dá alguma coisa inesperada, uma nova condição. E o surgimento dessa nova condição em nossa vida, devido a uma doença, à perda de uma pessoa querida ou a um inconveniente financeiro, significa que precisamos mudar e abandonar o velho, sair das praias que conhecíamos. Somos solicitados a largar aquilo que esperávamos – e, para o ser humano, largar algo pode ser uma experiência assustadora. Temos medo de largar o porto seguro do familiar e conhecido. Resistimos à viagem a lugares desconhecidos aos quais nossa vida às vezes nos leva. A mera ideia de fazer isso nos assusta. Por trás de toda resistência ao novo, está o medo.

Mas não há o que temer. Este universo nosso é um lugar muito mais amistoso do que percebemos. Um barco que nunca se aventura fora do ancoradouro nunca sofre dano algum, mas não é para isso que os barcos são feitos. De modo semelhante, um ser humano que nunca se arrisca a entrar em espaços desconhecidos de sua vida não se machuca – mas não é para isso que os seres humanos são designados. Somos feitos para experimentar o crescimento que advém das visitas a lugares desconhecidos, como viajantes através da vida. Nossos olhos mais sábios conhecem essa verdade e veem a mudança e o sofrimento como eles realmente são: como uma espécie de médico que vem para curar a parte doente de nosso eu. O sofrimento serve para nos aprofundar. O sofrimento vem para nos ajudar e nos dizer quem somos de verdade. O sofrimento nos rompe e nos força a abandonar e largar tudo que conhecíamos e a que nos apegávamos, como uma criancinha em seu primeiro dia de escola, temerosa de soltar a mão da mãe e entrar sozinha em uma sala de aula cheia de novos amigos, onde ela aprenderá tantas coisas novas e bonitas. O desconhecido é onde "o novo" existe, e o novo é o único lugar do mundo onde você encontrará a *possibilidade.* E todo ser humano é programado para correr em direção à possibilidade e ao potencial em sua vida. Todos nós fomos designados para ser grandiosos. Então, como você pode dizer que o sofrimento é ruim, quando ele é justamente aquilo que fará de você uma pessoa melhor? Sim, nosso lado humano sente a dor, enquanto a sofremos. Isso é natural. Mas essa dor um dia acabará, e dela você emergirá mais rico, forte e sábio.

"*Não tema o desconhecido, pois é nele que reside sua grandiosidade*", dizia um professor especial meu, do qual você vai ouvir falar muito. A maior parte das pessoas passa os melhores anos de sua vida no lugar do conhecido. Elas não têm coragem de se aventurar em território desconhecido e temem se afastar da multidão. Querem fazer parte e têm medo de se destacar. Vestem-se como todo mundo, pensam como todo mundo e se comportam como todo mundo, ainda que não se sintam bem fazendo isso. Relutam em ouvir a voz do coração e experimentar coisas novas, recusando-se a sair da praia segura. Por isso, fazem o que todos os outros estão fazendo. Com isso, sua alma, antes brilhante, começa a escurecer e enrugar. "A morte é apenas um dentre os muitos modos de você perder a vida", dizia o aventureiro Alvah Simon.

Ficar sempre na praia segura em sua vida nada mais é que preferir continuar na prisão de seus medos. Você pode ter a ilusão de ser livre quando permanece dentro da caixa que se tornou sua vida, mas, acredite, é só isto: uma ilusão, uma mentira que você conta para si mesmo. Quando você sai da caixa para procurar novos cenários e para de seguir a multidão, claro, os medos vêm à tona – você é humano. Mas a coragem requer que você sinta esses medos e vá em frente, mesmo assim. *Coragem não é ausência de medo, mas a disposição de caminhar através do medo, atrás de uma meta que é importante para você.* Quando você vive num porto seguro e se apega ao conhecido, é apenas um morto vivo. Mas volta à vida e seu coração começa a bater de novo quando você se aventura no desconhecido e explora os lugares não mapeados de sua vida. A aventura e a emoção de viver retornam. *Lembre-se de que, para lá de seus medos, você descobrirá sua fortuna.*

Vou lhe dar uma metáfora poderosa. Se você passou toda a vida na cadeia, muitos medos virão à tona no dia de sua libertação. Na cadeia, embora você não tivesse liberdade, vivia no reino do conhecido, porque tinha uma rotina rígida: você sabia quando devia acordar, sabia quando tinha de fazer exercícios e sabia exatamente quando e o que comer. Agora, embora não esteja mais na prisão, sente medo. Não sabe o que fazer e aonde ir. Não há estrutura, só incerteza. Sua tendência é retornar ao conhecido, em vez de encarar a aparente insegurança e o desconforto do desconhecido. Você preferiria ser um prisioneiro a recuperar sua liberdade. Parece absurdo, mas é assim que a maioria das pessoas vive a vida.

Aprendi toda essa filosofia com o professor que mencionei há pouco. Esse professor foi, e é até hoje, a maior e melhor influência em minha vida. A sabedoria e o extraordinário processo de sete estágios que ele passou a compartilhar comigo, apenas doze meses atrás, revolucionaram completamente minha vida. Nunca fui tão feliz. Nunca me senti tão vivo. Nunca tive tanto autorrespeito. Descobri o amor de minha vida. Minha saúde é perfeita. E meus negócios estão de vento em popa. Nunca imaginei que a vida pudesse ser tão boa. E isso pode acontecer com você. As dádivas que recebi também estão disponíveis para você. Claro, você terá de fazer algumas novas escolhas e correr alguns riscos. Terá de investir tempo e energia para reconectar-se com as grandes e magníficas partes de si que possa ter perdido. Terá de encarar alguns medos que o têm tornado pequeno, não importa se você os reconheça ou não. Mas, ao fazer isso, você despertará para o maior e o melhor de si mesmo. E o que poderia ser mais importante que isso?

Esse professor é a pessoa mais sábia, poderosa e nobre que conheço. Ele é um excêntrico – um verdadeiro indivíduo original –, e seus modos são inortodoxos, no mínimo. Realmente, às vezes ele é como um homem selvagem. Você jamais conheceu alguém como ele e jamais conhecerá. Mas ele é extremamente habilidoso em transmitir um conhecimento que altera a vida, que fala a sua alma e leva você a experimentar mudanças capazes de lhe oferecer uma vida maravilhosa. As lições dele serão muito úteis, à medida que você for descobrindo seu destino e vivendo a vida gloriosa que é seu direito inato.

Não acredito em acidentes. Conheci meu professor no dia seguinte ao de minha epifania naquele quarto de motel. Nesse dia, tive uma reunião com minha equipe, e meu gerente de recursos humanos, Evan Janssen, entrou em meu escritório com dois ingressos para um seminário motivacional nessa noite. Evan adorava esses eventos e era um grande fã do movimento para o crescimento pessoal. Eu, por outro lado, era cético. Para ser sincero, não gosto nem um pouco de palestrantes motivacionais. Sempre os achei parecidos com algodão-doce – são agradáveis por alguns momentos, mas logo a gente percebe que não sobra nada.

O garotinho de Evan teria seu primeiro recital de piano aquela noite, por isso ele não poderia ir ao seminário e queria que eu fosse. Ele achava que o evento levantaria meu espírito e talvez me inspirasse a fazer mudanças em minha vida que eu sabia serem necessárias para me colocar de volta nos trilhos, não apenas em nível profissional, mas também pessoal. Eu lhe disse que não queria ir e não tinha estômago para os aforismos e homilias-clichês recitados por esses motivadores. Eu disse que ainda estava lutando com uma série de coisas e achava melhor ficar sozinho naquela noite. De repente, algo interessante aconteceu. Meu colega, um homem altamente intuitivo, olhou-me no fundo dos olhos e disse:

– Dar, confie em mim, quando falo desse evento. Sinto que há um motivo para você ir a esse seminário. É um pressentimento, apenas. *Por favor*, vá.

Sempre fui um homem que viveu a maior parte da vida na cabeça. Eu era impelido pela razão, não pela paixão. Se alguma coisa não fizesse sentido em um nível intelectual, eu descartava. Mas eu passara a vida inteira assim, e minha vida não estava dando certo. Adoro a definição de Einstein da insanidade: "Fazer as mesmas coisas e esperar resultados diferentes". Se quisesse novos resultados em minha vida, eu sabia que teria de me comportar de um jeito *novo*. Do contrário, minha vida seria a mesma até eu morrer.

Algo em meu íntimo sugeriu que poderia haver um outro meio de viver como ser humano. Eu lera, havia pouco tempo, meu primeiro livro de filosofia, embora nunca tivesse tocado esse tipo de coisa antes. Não sei o que me levou a pegar tal livro, mas o peguei. Talvez, em meio a tanta dor, eu estivesse disposto a procurar uma salvação em qualquer lugar. *É uma verdade que, em nossos momentos mais escuros, nos dispomos a ir o mais fundo possível.* Quando a vida é boa, vivemos de maneira superficial, não refletimos muito. Mas, quando o mar está revolto, saímos de nós mesmos e ponderamos por que as coisas se passam daquele jeito. A adversidade costuma nos tornar mais filosóficos. Durante fases de desafio, começamos a fazer as grandes perguntas da vida, como, por exemplo, por que acontece o sofrimento, por que nossos planos tão bem idealizados não dão certo e se a vida é governada pela mão silenciosa do acaso ou pelo poderoso punho da escolha.

Naquele livro que li, o autor dizia que a mente é limitada, enquanto o coração é ilimitado. A mente pode ser cruel, levando você a passar os melhores anos de sua vida vivendo no passado ou amargando o presente preocupado com coisas que nunca acontecerão. A mente anseia por poder *externo*, do tipo que é baseado em coisas mundanas – em vez de espirituais –, tais como dinheiro, posição e posses. O problema com o poder externo é que ele é passageiro: quando você perde o dinheiro, a posição e as posses, perde o poder. Se você atrela sua identidade a essas coisas, também perde o sentido de quem é, quando elas se vão. O único poder de valor é o poder autêntico – aquele que vem de dentro.

O coração, de acordo com esse livro, não deseja essas coisas menores. O coração vive no momento presente, sabendo que é nele que a vida deve ser vivida. O coração se interessa em se curar integralmente no amor, na compaixão e no serviço a outros seres humanos. Ele tem consciência de que cada um de nós é ligado em um nível invisível, que todos somos irmãos e irmãs da mesma família e que a felicidade vem do doar-se e de apoiar os outros a desenvolver seu mais grandioso eu. "Abandone a gota, torne-se o oceano", dizia o brilhante poeta sufista Rumi. O coração conhece essa verdade. Sim, a mente, com toda a sua habilidade de raciocinar e refletir, é uma grande *ferramenta* que o coração deveria usar para apoiar seu trabalho, uma ferramenta que pode ser usada para coisas como planejamento, aprendizado e pensamento. Mas essas funções devem ser feitas em sintonia com o coração e sob orientação dele. A cabeça e o coração devem forjar uma *parceria* vitalícia, se você quiser viver uma vida bonita, dizia o livro. Eles devem trabalhar em *harmonia*. Viva completamente na cabeça, e você não poderá *sentir* a respiração e o ritmo da vida. Viva completamente no coração, e acabará agindo como um tolo afetado pelo amor, sem capacidade de julgar e sem disciplina. Deve haver um bom equilíbrio, que requer tempo, energia e compreensão para dar certo.

De pé naquela sala, com Evan esperando pacientemente, senti um impulso de explorar algo novo. Prestando atenção por um momento no que estava acontecendo sob a superfície, resolvi quebrar os limites da razão pelo menos uma vez e confiar em meus sentimentos mais profundos. Concordei em ir e peguei os ingressos.

Evan se aproximou e me deu um grande abraço:

– Nós amamos você, você sabe disso.

Fiquei em silêncio, enquanto a emoção crescia dentro de mim após eu ter ouvido aquela declaração de profunda gentileza de meu velho colega. Lágrimas começaram a rolar, em parte pela tristeza que sentia pelo recente rumo de minha vida, e em parte devido ao amor incondicional que sentia por outro ser humano.

– Obrigado, Evan – eu disse. – Você é um homem bom. Eu gosto de você.

– Acredite em mim, Dar, esse seminário será muito importante para você. E quem sabe quem você vai conhecer lá?

Mal sabia eu que estava para conhecer o homem que me conduziria ao melhor de minha vida.

2

O buscador conhece um mestre

*Não devemos interromper a nossa investigação, e o final de toda a nossa investigação será chegar ao lugar onde começamos a conhecer o lugar pela primeira vez.**

– T. S. ELIOT

Naquela noite, lá estava eu, sentado em um auditório com outras cinco mil pessoas em busca de respostas às maiores perguntas da vida. Dos alto-falantes, vinha o estrondo de músicas de *rock*, e um *show* de luzes ofuscante iluminava o ambiente, que, fora aquilo, era escuro e cavernoso. Havia uma energia palpável no salão. Então o palestrante apareceu. Era bonito, articulado e extremamente carismático. Falava com eloquência e prendeu a atenção total da plateia por quase duas horas, levando-nos a um passeio de montanha-russa que nos fez rir, chorar e pensar por que vivíamos como vivíamos e como cada um ali presente poderia melhorar as coisas. Ele contou sobre sua infância sem o pai. Falou de seu problema com o câncer e como aquilo o ajudou a se ligar nas coisas mais simples, porém negligenciadas, da vida. E nos fez rir com algumas de suas ideias,

---

* Tradução da citação encontrada em Francisco di Biase e Mário Sérgio F. da Rocha, *Ciência, espiritualidade e cura*. Rio de Janeiro: Qualitymark, 2005. (N. do T.)

como: "A única coisa que você pode esperar na vida é o inesperado" e "Se você quer fazer Deus rir, diga a ele seus planos". Gostei também de sua humildade. Ele disse que não era um guru, mas apenas um estudante da vida, e brincou que sua oração matutina era em torno do pedido: "Deus, por favor, ajude-me a me tornar a pessoa que meu cachorro pensa que sou".

"*Suas feridas devem ser convertidas em sua sabedoria*", ele repetiu durante a apresentação. "As pedras em seu caminho podem se tornar suas pedras angulares, *se você quiser*. Não perca as notáveis oportunidades que a adversidade e até a tragédia apresentam. *Sua vida pode ser melhorada até mesmo pelas coisas que partem seu coração.*"

No fim da apresentação, o palestrante havia deixado toda a plateia boquiaberta. O silêncio era total enquanto ponderávamos suas palavras. Ele terminou com as seguintes afirmações: "A maioria das pessoas não descobre como viver até que chegue a hora de morrer – e isso é uma grande pena. A maioria das pessoas passa os melhores anos da vida assistindo à televisão, em uma subdivisão. A maioria das pessoas morre aos 20 anos de idade, sendo enterrada aos 80. *Por favor*, não deixem isso acontecer com vocês".

Após receber uma ovação estrondosa, o palestrante saiu do palco. Fiquei sentado lá, em silêncio, à medida que me vinham à mente perguntas e mais perguntas. "Por que eu me sentia tão vazio na vida?" Por mais dinheiro que eu tivesse ou por maior que fosse meu sucesso, não me sentia bem. Também me perguntava se a carreira escolhida era a certa para mim ou se havia outra coisa destinada a ser o "trabalho de minha vida". Também fiquei pensando se encontraria um amor verdadeiro na vida e se existiam mesmo almas gêmeas. Era interessante que tantas perguntas viessem à tona justamente naqueles poucos instantes em que eu estava quieto e imóvel.

Cavando mais fundo, encontrei outras perguntas: Será que eu tinha a escolha de como minha vida se desenrolaria, ou tudo era predeterminado de acordo com algum plano superior? E, se eu tinha a escolha, o que estava me impedindo de dar os passos para melhorar as coisas? Haveria mesmo uma vida melhor esperando por mim lá fora, ou isso era pura fantasia? Também me perguntei se tudo que acontecera entre Rachel e mim fora orquestrado por alguma força invisível da natureza, ou se o modo como as coisas haviam se desenrolado para nós nada mais era que um reflexo de minhas escolhas pessoais: colocar os negócios acima da família, pensar primeiro em minhas necessidades, fazer tudo que eu queria, em vez de ser magnânimo, piedoso e solícito. Fechei os olhos e pensei nessas perguntas importantes. Em seguida, fiz algo que nunca havia feito antes: comecei a rezar, pedindo respostas.

Depois de alguns minutos, ouvi alguém chamar meu nome. Olhei ao redor, mas, por estranho que pareça, não vi ninguém conhecido. Lembrando-me da experiência traumática da noite anterior, achei que talvez estivesse ficando louco. Apenas 24 horas antes, eu havia experimentado uma luz branca inundando todo o meu corpo e recebido a mensagem: "*A vida é um tesouro, e você é muito mais do que sabe*", e agora estava ouvindo meu nome ser chamado em um auditório quase vazio, depois de um seminário motivacional inesquecível. Fechei os olhos outra vez – e de novo ouvi alguém chamar meu nome! Rapidamente os abri e olhei em volta, mas novamente não havia nenhuma pessoa conhecida. Dessa vez, porém, vi uma pista estranha mas inconfundível na cadeira ao lado da minha: um envelope impecavelmente branco, com meu nome inscrito em elegante letra manuscrita vermelha. Estava fechado. Abri-o e li as palavras na folha: "Pare de viver a vida como uma mentira, Dar. Seja verdadeiro consigo mesmo, e seu destino virá bater à sua porta. Encontre-me nos bastidores. Bonita camisa, a propósito – gostei das listras, muito legais".

O que estava acontecendo? Evan me havia dito que algo importante ocorreria naquele evento motivacional, mas aquilo já estava ficando surreal demais. Meu coração começou a bater mais rápido, e fiquei me perguntando se não seria uma brincadeira de mau gosto ou se eu estava caindo em alguma situação perigosa. Mas alguma coisa dentro de mim fora incitada pela apresentação do orador motivacional, como se ele tivesse plantado algumas sementes que já começavam a germinar. Uma palavra logo me veio à mente: *confiança*. Apanhei minhas anotações e guardei-as em minha valise Gucci. Levantei-me e, não sem certa reserva, caminhei até a beira do palco, de onde o orador nos havia transmitido sua inspiradora mensagem. Fui até as cortinas perto da parte da frente do palco e passei por uma abertura nas dobras do tecido.

Nos bastidores, havia um frenesi de atividades. Não dava para ver o palestrante, mas os técnicos audiovisuais trabalhavam com afinco, guardando equipamentos em caixas de alumínio. Ninguém parecia me notar. Continuei a andar pela área, quando vi uma porta se abrir lentamente, deixando emergir uma luz brilhante que clareava o local mal iluminado. Senti como se estivesse sendo guiado até aquela porta, por mais estranho que pudesse parecer. Senti-me literalmente *puxado* na direção da porta. Passei por ela e entrei num corredor. Meu coração batia depressa, e eu sentia um nó no estômago, tamanha a ansiedade, enquanto andava pelo corredor. Sentia-me agitado e inseguro. Mas também tinha uma confiança que nunca havia experimentado antes e que me sugeria sutilmente que, de alguma forma, as coisas estavam sendo cuidadas.

O corredor terminava numa porta vermelha em que nada havia, exceto uma estrela prateada. Imaginei que fosse o camarim reservado para os astros que se apresentavam nesse auditório. Bati três vezes. Ninguém abriu. Bati de novo, com mais vigor. E novamente não houve resposta. Esperei alguns momentos e pensei que talvez estivesse perdendo tempo. O bilhete me instruía para ir aos bastidores, mas não havia ninguém lá. Aquilo não fazia sentido. Eu estava cansado e precisava dormir. Os últimos dois dias haviam sido duros, e uma xícara de chá quente poderia tranquilizar meus nervos abalados.

Eu já estava me virando para ir embora quando, como por magia, a porta se abriu. Não podia ver ninguém atrás, mas a porta continuou se abrindo cada vez mais. Quando entrei na sala, fiquei *estonteado* com o que vi. Pétalas de rosas se espalhavam por todo o piso. Uma figura alta estava de pé a minha frente, usando uma túnica escarlate, do tipo usado por monges no Nepal. Estava de costas para mim e não se mexia. O intricado bordado nas costas da túnica me chamou a atenção. Era bonito e rico em cores. Por alguma razão, comecei a relaxar e soltei um suspiro. Eu sentia – não pergunte por quê – que estava na presença de um amigo.

Lenta e dramaticamente, a figura se virou para mim e me olhou direto nos olhos. Parecia tocar minha alma com aquele olhar penetrante. Em toda a minha vida, eu nunca havia encontrado uma pessoa que emitisse tanto poder. Era um homem de aparência jovem, bronzeado, com densos cabelos escuros, e demonstrava estar em excelente forma física, parecendo algum deus grego vindo do passado ou talvez um astro de cinema de Hollywood. E os olhos! Nunca me esquecerei deles. Eram os olhos mais penetrantes e notáveis que já vi na vida.

Quem era aquele homem? Por que estava olhando para mim? Por que eu não estava com medo? Não sabia o que fazer, só continuava parado lá, aturdido com a experiência. A sala estava em silêncio, e aquele desconhecido permanecia imóvel e sem expressão. De repente, sua boca se curvou em um sorriso gentil, e os olhos começaram a cintilar como os de uma criança. Ele falou num tom confiante:

– Só você pode descobrir seu destino, Dar. Só você pode saber o caminho que lhe foi demarcado, aquele para onde seu coração o chama. Mas, com um guia, a jornada ficará mais fácil. Todos nós precisamos de um bom orientador para nos ajudar a viver nossa vida maior. Os sábios zen dizem que, quando o estudante está pronto, o professor aparece. Bem, essa frase pode ser usada demais, mas é verdadeira. Estou muito feliz por você ter confiado em seus instintos e vindo aqui esta noite. Não precisa ter medo. Sei o que aconteceu com você. Sei de sua perda. Sei de seu sofrimento. Sei de sua confusão. Também sei um pouco de seus anseios.

– Meus anseios? Como assim? – perguntei em voz baixa.

– Você é um buscador, assim como muitas outras pessoas no planeta hoje em dia. O mundo está se transformando, à medida que as pessoas que antes se contentavam em viver uma vida banal agora saem de suas zonas de conforto para explorar o inóspito do extraordinário. As pessoas não estão mais dispostas a aceitar uma meia-vida, divorciadas de seu autêntico poder. Elas querem viver plenamente e voar acima das nuvens, caminhar entre os gigantes, dançar com as estrelas! – sua voz poderosa se erguia com paixão, ressoando por toda aquela pequena sala.

Então ele começou a rir. E que riso caloroso e contagiante!

– Desculpe-me, Dar. Estou me empolgando um pouco. É que estou tão excitado com o que está acontecendo no mundo hoje. Milhões e milhões de pessoas indo atrás do melhor na vida. Tanta gente se recusando a bancar a vítima e escolhendo o papel de vencedor. Tantas pessoas se aprofundando em si mesmas para visitar e subjugar seus medos. Corações se abrindo por todo o globo, e as pessoas começando a reivindicar aquela parte brilhante e maravilhosa delas mesmas que haviam perdido enquanto se tornavam adultas. É um momento extraordinário para estar vivo. O mundo todo está se tornando um lugar melhor. Na verdade, nunca houve uma época melhor para ser humano.

– Não parece assim, a meu ver – comentei, o cético dentro de mim vindo à tona. – Há guerras, fome, crimes. Nosso meio ambiente está uma bagunça. Não me entenda mal, não sou o sujeito mais socialmente consciente, mas até eu posso ver que o mundo é um lugar muito incerto e turbulento.

– É verdade – o homem respondeu com humildade, como se não tivesse que me provar nada, nenhum esforço do ego para demonstrar que tinha razão. – Há ainda muita escuridão no mundo. Mas, acredite em mim, há mais luz do que nunca. Tantas pessoas começam a perceber que você pode ou amaldiçoar a escuridão ou ter coragem de acender uma vela. É nisto que consiste a liderança como ser humano – acender velas na escuridão. A escuridão só existe na ausência de luz. E há velas em todo o planeta, num sentido metafórico. Estamos chegando a um momento crucial, um ponto crítico em que haverá uma mudança maciça. Não está longe. Quando um número suficiente de pessoas despertar para ser quem elas realmente são e reconquistar seu maior potencial, haverá um grande avanço. Todo esse mundo será um lugar adorável para você estar: o céu na terra.

– Céu na terra? Um grande avanço?

– Sim. Haverá um grande avanço na quantidade de pessoas que seguem o caminho da autenticidade, um caminho que requer que você viva a vida de acordo com seus próprios termos, seus valores mais profundos e seus mais altos ideais. É um caminho que requer que você viva com o coração bem aberto e a mente bem desenvolvida. É um caminho que requer o confronto com seus medos e com as coisas que o deixam pequeno, então você conseguirá deixar sua grandeza brilhar. É lindo, *baby*! – o estranho completou, piscando um olho.

E ele acrescentou, entusiasticamente:

– Haverá um grande avanço na quantidade de pessoas dispostas a curar seu lado sombrio e a nunca fazer coisa alguma para ferir ou limitar alguém. Haverá um grande avanço na quantidade de pessoas que se recusarão a viver uma vida menos que nobre, boa e intrépida. Haverá um grande avanço na quantidade de pessoas que assumirão uma genuína *liderança* sobre a própria vida. Haverá um grande avanço na quantidade de pessoas que buscam, como você, Dar, a felicidade, a paz interior e uma vida de profundo significado. Há uma enorme mudança evolucionária ocorrendo na humanidade. A espécie inteira está mudando. Já nos recusamos a aceitar menos que a grandeza pessoal.

– O que você quer dizer com "mudança evolucionária"?

– Obrigado por perguntar. Não há perguntas tolas nesta conversa, você sabe. A maior parte de nossa evolução, como seres humanos, tem sido até hoje marcada por uma ênfase no físico, no externo, e relacionada apenas com o ato de acumular. O valor dominante tem sido "aquele que tem mais vence": aquele que tem mais fama, mais fortuna, mais poder sobre os outros. E, diante desse valor, a "sobrevivência do mais forte" se tornou o nome do jogo. Tudo tem a ver com competição, porque passamos a acreditar que não há o suficiente para todos vencerem. Mas essa filosofia não serve mais para nossa raça. Ela surge da escassez. E, por trás desse pensamento de escassez, há um deflagrado medo. Já que são as nossas intenções e os nossos pensamentos que criam tudo que vemos no mundo, só o que vemos é a falta; nunca há o suficiente para nós. E assim começa o ciclo. Nunca sentimos que temos o suficiente e nunca estamos felizes.

– Fascinante. Nunca ouvi nada assim – comentei, sentando-me numa cadeira no camarim. O estranho permaneceu de pé, com as mãos cruzadas atrás das costas.

– Veja o que quero dizer com "mudança evolucionária": muitos seres humanos no planeta estão desviando o foco para longe dos interesses mesquinhos pelo físico e prestando mais atenção no espiritual. Estamos passando da independência, em que tudo tem a ver com "eu, eu, eu", para uma apreciação da suprema importância da "interdependência". Muitos de nós já nos conscientizamos do fato de que somos parte da mesma família. Os mais evoluídos entre nós no mundo, hoje, os *autênticos* líderes (e quando digo líderes não me refiro necessariamente a CEOs, presidentes e generais, mas a homens e mulheres que se recusam a seguir a multidão), já percebem que, no nível mais profundo, estamos todos ligados. Eles sabem que, quando você fere outra pessoa, está, na verdade, ferindo a si próprio. Sabem que, quando você ajuda o outro, está ajudando a si mesmo. Até a ciência moderna mostra isso, confirmando empiricamente o que os místicos dizem há milhares de anos. Os físicos quânticos descobriram que o universo é um sistema incrivelmente interconectado, onde tudo existe em relação a tudo e é afetado por tudo. O poeta inglês John Donne disse a verdade quando escreveu: "Nenhum homem é uma ilha, inteira em si mesma; todo homem é um pedaço do continente, uma parte da terra principal [...] a morte de qualquer homem me diminui, porque estou envolvido na humanidade. Portanto, nunca queira saber por quem os sinos dobram; eles dobram por você".

– Isso é muito interessante – respondi, verdadeiramente absorto naquelas novas informações que estava ouvindo.

– Muitos entre nós mudam o enfoque da busca pelo externo para uma viagem ao interno. Para muitos, a jornada humana se tornou uma jornada interior. Estamos percebendo que o portão para o sucesso duradouro não abre para fora, mas para dentro. *Os maiores tesouros são aqueles que se encontram dentro.* Nós, como espécie, estamos agora começando a pensar muito mais nas necessidades de nossa alma e devotando mais tempo a atividades como buscar o crescimento pessoal, ser mais carinhosos e piedosos e deixar um legado. *O sucesso é importante, mas a significação é muito melhor.* Veja os livros nas listas dos mais vendidos em todo o mundo; muitos deles têm a ver com a busca pelo autoconhecimento e a liberdade pessoal. As pessoas em todo o planeta, em massa, estão fazendo as grandes perguntas da vida, como "por que estou aqui?" e "qual é o meu destino?" E, como eu digo, quanto mais as pessoas mudarem, mais o mundo inteiro mudará. É um processo muito bonito que está ocorrendo. E realmente esta é uma época linda para se viver.

– Isso é muito inspirador – observei, mais relaxado e absorvendo tudo que estava ouvindo. Descruzei os braços.

– Bem, não me entenda mal – disse o monge. – Não há nada errado em ganhar dinheiro, ter coisas boas e viver uma vida fisicamente bela. Somos seres espirituais vivendo uma experiência humana, e a vida pode ficar melhor quando você desfruta as coisas maravilhosas que os seres humanos criaram. O dinheiro torna a vida mais fácil e proporciona uma grande liberdade. Qualquer pessoa que diga o contrário provavelmente sofre da síndrome do avestruz.

– O que é isso?

– Muitas pessoas evitam lidar com a verdade. É mais fácil enfiar a cabeça na areia como um avestruz do que confrontar as resistências à verdade. E a verdade é que não há problema algum em ganhar dinheiro e ter coisas belas. Quem inventou a besteira de que você não pode ter coisas boas e, ao mesmo tempo, ser espiritual, bom e evoluído? Tenha uma boa casa. Dirija um bom carro. Viaje a lugares exóticos. Use roupas bonitas. *Não* estou sugerindo que você não experimente ou desfrute esses prazeres do mundo. Afinal, essas coisas foram criadas pela mesma força oculta que criou os rios, as montanhas e as árvores. Mas lembre-se de que a beleza só tem a profundidade da pele. Essas coisas não devem ser sua força propulsora. Não baseie sua identidade e seu autovalor nelas. Saiba que elas não duram. É uma questão de prioridade: não faça do acúmulo dessas coisas externas sua prioridade número um. Nós nada trazemos ao mundo e nada levamos dele. Nunca vi um caminhão de mudança seguindo um carro fúnebre no caminho para o cemitério. Esta é a chave para você se lembrar: *Tenha suas coisas bonitas, mas não seja prisioneiro delas. Seja dono delas, mas não as deixe ser donas de você. Que o objetivo de sua vida sejam as buscas mais importantes, como descobrir seu maior potencial, servir aos outros e fazer uma diferença na vida, vivendo por algo mais importante que você mesmo. O sucesso é bom, mas a significação é o verdadeiro nome do jogo* – ele enfatizou mais uma vez.

Toda a sabedoria daquele homem era exatamente o que eu precisava ouvir naquele ponto de minha vida. Talvez eu fosse mesmo o aluno e talvez tivesse, enfim, chegado a um lugar em que estaria pronto para aprender, e agora o professor havia aparecido. Talvez nada que eu tivesse experimentado na vida até aquele momento fosse em vão. Talvez houvesse de fato um propósito para tudo aquilo, uma espécie de preparação para aquele ponto de disponibilidade. Evan, meu gerente de recursos humanos – um homem muito espiritual –, costumava usar a frase "tudo está bem no universo", sempre que acontecia algo imprevisto. Independentemente do que se passasse com ele no trabalho ou na vida, ele dizia que estava "tudo bem", mesmo que fosse doloroso. E eu começava a sentir que ele falava a verdade. Talvez não houvesse mesmo acidentes, e as tramas de nossa vida acontecessem de acordo com uma inteligência sutil, porém perfeita, que, por mais que tentemos, não conseguimos compreender.

– Espero que você não se importe com minha pergunta, mas quem é você? – perguntei, criando coragem e esperando não ofender de maneira alguma aquele homem peculiar, inesquecível, que estava compartilhando comigo sua profunda sabedoria.

– Meu nome é Julian Mantle, e eu vim para servir de guia para você. Estou aqui para ajudá-lo a descobrir seu destino – foi a simples resposta.

Em seguida, ele enfiou a mão num bolso largo de sua túnica de seda e tirou uma banana. Você acredita nisso? Uma banana! Descascou-a e começou a comer com satisfação.

– Quer uma? – ele perguntou, graciosamente. – Tenho outra em minha mochila – disse, apontando para uma bolsa de lona no canto da sala. – Banana é um combustível excelente para o corpo. O corpo deve ser nutrido somente com os melhores alimentos, se você quiser ter um desempenho do mais alto nível.

Eu mal ouvia o que ele dizia. Minha mente começou a acelerar. Julian Mantle! Inacreditável! Eu sabia quem era Julian Mantle! *Todas as pessoas* conhecidas minhas reconheciam o nome de Julian Mantle. Eu mal podia conter minha excitação.

– Julian Mantle! O monge que vendeu sua Ferrari? É você mesmo? – A cena toda parecia surreal: o monge a minha frente, as palavras sábias que ele dissera, a banana que estava saboreando. Era como se eu estivesse passando por uma experiência fora do corpo, vendo tudo acontecer do alto. Num dia eu tinha uma arma encostada na cabeça, pronto para acabar com minha vida. No dia seguinte estou nos bastidores, após um seminário motivacional, com um monge excêntrico que me fala do valor de comer uma banana e compartilha comigo seus pensamentos acerca da transformação espiritual que está ocorrendo no planeta todo. Simplesmente inacreditável.

Eu ouvia falar de Julian com frequência, desde quando era jovem. Meu pai era advogado de contencioso e trabalhava em um dos maiores escritórios da cidade. Ele vivia me entretendo com histórias sobre "o grande Julian Mantle". Julian era um dos maiores advogados do país e um homem famoso não só por seus abundantes dons jurídicos, mas também por seu estilo de vida intenso, exuberante. Julian Mantle era uma estrela, no mais autêntico sentido da palavra. Ele tinha tudo que um ser humano poderia desejar. Mas jogou tudo fora.

Julian se formou na Faculdade de Direito de Harvard e estava destinado a uma vida de sucesso. Era um "menino de ouro" e parecia invencível, atraindo os maiores casos, os melhores clientes e jamais perdendo. Ganhou mais dinheiro na vida do que meu pai jamais imaginara ser possível para um advogado, e conquistava mais publicidade em um mês do que a maioria dos advogados conseguia em toda a carreira. Meu pai dizia que ele namorava as mulheres mais bonitas da cidade, geralmente grandes modelos, e era amado por todos por causa de sua personalidade maior que a vida e de seu charme malicioso. Quando eu era mais jovem, meu pai me levava de carro à parte mais grã-fina da cidade e me mostrava a enorme mansão de Julian, que ficava muito perto da residência de um dos mais famosos astros de *rock* do mundo. Julian parecia viver plenamente e estar com tudo. Ele possuía até uma Ferrari vermelha, que deixava estacionada no centro da entrada para carros. Ainda me lembro de como eu adorava olhar para aquele carro, quando menino. O que eu não daria para dar uma volta nele! Meu pai dizia que o carro era o objeto pessoal que Julian mais amava.

De repente, algo aconteceu com Julian, segundo meu pai. Ele começou a se perder. Engordou e começou a fumar demais. Passou a correr muitos riscos e a perder casos. Eu não sabia ao certo o que havia causado esse desvio, mas foi a pior queda do alto de um pedestal que já tínhamos visto. Creio que quanto mais alto se sobe maior é a queda. E um dia, no centro de um tribunal cheio, em meio a um caso seriíssimo, Julian caiu, aparentemente vítima de um ataque cardíaco. Meu pai me contou que aquele foi um momento decisivo na vida de Julian Mantle – a grande virada. Aprendi que a maneira como lidamos com as grandes viradas influencia muito o desenrolar futuro de nossa vida. O que Julian fez em seguida alterou para sempre o rumo de sua vida.

Após meses de recuperação, Julian abandonou o direito e saiu do país. Vendeu a mansão. Vendeu suas posses. Vendeu até sua valiosa Ferrari e partiu para a Índia, aquela terra exótica de um milhão de aventuras e sabedoria atemporal. Imagino que ele estivesse à procura de respostas e que a Índia devia lhe oferecer uma promessa de encontrá-las. Ninguém ouviu falar de Julian por um longo, longo tempo. Muita gente pensou que ele havia morrido.

Alguns meses atrás, li um artigo de primeira página intitulado "Julian Mantle: O monge que vendeu sua Ferrari. A cruzada de um homem para melhorar o mundo". O artigo revelava que Julian Mantle havia passado por uma notável transformação enquanto estivera na Índia. No alto do Himalaia, ele tinha descoberto um grupo de monges pouco conhecido. Eles compartilharam com Julian uma antiga e profunda filosofia para a transformação pessoal e para a vida plena. Graças à extraordinária sabedoria que aprendeu, Julian experimentou intensas – e maravilhosas – mudanças em sua vida. Fisicamente, ele se recriou a ponto de parecer muitos anos mais jovem que sua idade real, deixando transparecer uma vitalidade que era, sem dúvida, excepcional. Intelectualmente, acessou as verdades mais universais sobre as quais se constrói uma vida rica e significativa, encontrando, nesse processo, a paz interior. Emocionalmente, conscientizou-se das muitas feridas que havia sofrido na infância e que ainda marcavam sua vida adulta, impedindo-o de desfrutar as alegrias que cada pessoa merece desfrutar todos os dias. Isso lhe permitiu libertar-se de grande parte da raiva que ele carregara a vida toda e que o afetava nos níveis físico e psíquico. Ele se tornou capaz de curar as feridas do passado. Espiritualmente, Julian acessou seus valores mais profundos e se religou a seu eu superior. Julian tirou a máscara social que usara a vida toda e se tornou autêntico, vivendo agora a vida a *seu* modo, de forma coerente com *seus* valores maiores e de acordo com as orientações de *seu* coração. Ele parou de viver para agradar os outros e parou de se importar em ser bem-visto aos olhos do mundo. Recusou-se a seguir a multidão e trair a si próprio, de uma forma ou de outra. Tudo que queria agora era *ser real e fazer o bem.* "Julian Mantle descobriu seu destino, e isso fez dele um homem feliz", lembro-me de ter lido.

O artigo também dizia que Julian tinha escolhido como sua missão principal voltar ao Ocidente e ajudar tantas pessoas quantas pudesse a viverem a vida plenamente e acessarem a totalidade de seu potencial. A matéria explicava que Julian aparecia, vestindo suas túnicas vermelhas, em diferentes lugares e ajudava alguns de seus velhos amigos, familiares e até desconhecidos a reconquistarem a grandeza pessoal e viverem uma vida muito mais feliz, saudável e compensadora. O repórter escreveu que o trabalho de Julian estava criando uma enorme comoção e que muitas pessoas em toda a nação começavam a organizar expedições para ir atrás dele. Julian se tornara uma espécie de herói popular, e já se formava uma mística em torno dele. Mas Julian era fugidio: ninguém que o tenha procurado ativamente jamais conseguiu encontrá-lo. Ele não havia sido entrevistado no artigo, mas muita gente começava a chamá-lo de "o guru relutante". A história da vida de Julian daria um filme fabuloso hoje em dia, quando tantos de nós temos fome espiritual.

– Você é mesmo Julian Mantle? – perguntei, ainda não acreditando completamente. – Por que veio me procurar? Meu pai me falava muito de você. Ele era um colega seu, sabia?

– Eu sei *exatamente* quem é seu pai – foi a gentil resposta. – Ele foi um amigo meu, e eu valorizo enormemente minhas amizades. Seu pai me falou muito de você, e eu soube o que aconteceu em sua vida familiar recentemente. Vim para lhe prestar um serviço. Os líderes servidores são os mais poderosos de todos, fique sabendo.

– Eu nunca ouvi isso – comentei.

– *As coisas nunca são tão ruins como parecem. As situações que nos causam tristeza são as mesmas que nos levam à força, ao poder e à sabedoria que nós verdadeiramente somos.*

E Julian continuou:

– Sei que as coisas têm sido extremamente difíceis para você, Dar. Estou bem a par do que você está passando e jamais subestimaria seus sentimentos. *Os sentimentos são as portas para sua alma e precisam ser reconhecidos e, então, plenamente sentidos. Os sentimentos carregam informações importantes e servem para incrementar seu autorrelacionamento, se forem devidamente explorados.* Negá-los é negar uma parte natural de si. Fingir que você não está sentindo o que sente não é saudável, nem do ponto de vista psíquico, nem do fisiológico. Engolir os sentimentos leva à doença. Mas há um cenário muito maior aí, que você não consegue ver com sua atual percepção. Lembre-se, vemos o mundo não como ele é, mas como nós somos. Quando você muda, seu modo de ver o mundo também muda. *Quando sua consciência se expandir, você perceberá coisas que antes não conseguia ver nem entender.* Tudo está bem. Tudo que lhe aconteceu está conduzindo-o a um lugar fantástico. Como seres humanos, nossa tendência é pedir à vida que escute o que queremos. Mas a vida não funciona assim. Ela nos dá aquilo de que precisamos, o que é melhor para nós, o que é de nosso maior interesse. *Sua vida funcionará muito melhor quando você começar a escutá-la. Deixe que ela o conduza, em vez de querer forçar o curso do rio. E acredite que o lugar aonde a vida o levar é exatamente onde você deve estar. Abandone toda a sua resistência e assuma uma postura de entrega a tudo que estiver se desenrolando.* Essa é uma das formas mais garantidas de você seguir o caminho de seu destino, seu verdadeiro caminho.

– Li uma reportagem sobre você algum tempo atrás – eu disse. – É incrível o que você está fazendo para ajudar a fazer do mundo um lugar melhor.

– Sim, li esse artigo – comentou Julian, com um sorriso. – Aliás, ainda o tenho guardado em algum lugar. Sou idealista e fico feliz quando leio aquela matéria, porque me lembro de que faço uma diferença. Eu meço minha vida não por décadas, mas por atos. Aprendi que a felicidade duradoura vem de dar, não de receber. Os chineses definem isso muito bem: "Um pouco de fragrância sempre fica na mão de quem dá rosas". E, no entanto, sempre nos esquecemos disso. Nos negócios, por exemplo, falhamos ao operar no modo vencer/vencer. Aceitamos a falsa ideia de que alguém precisa perder para que possamos ganhar. Guardamos nossos territórios e nos recusamos a seguir uma premissa que veja valor em ajudar todos a nossa volta a terem sucesso. Não há verdade nesse comportamento. E, de fato, o melhor modo de sermos líderes nos negócios é nos dedicarmos a acrescentar mais valor a nossos clientes do que eles se sentem no direito de receber. Os verdadeiros líderes nos negócios sabem quem coloca a comida na mesa, por isso tratam os clientes como reis. Eles servem, confortam e amam seus clientes. O amor é uma ferramenta incrivelmente poderosa nos negócios, sabia?

– Nunca pensei nisso.

– Bem, é verdade, meu amigo. *E, antes de uma pessoa lhe dar a mão, você precisa tocar o coração dela.* Seja como o sol: ele dá tudo que tem. Mas, em troca, todas as flores, árvores e plantas crescem em direção a ele. Na vida empresarial, se você se dedicar a amar e a fazer o bem a seus clientes, criará um exército de embaixadores de boa vontade que vai correr pelo mundo e contar a todos os conhecidos o que você faz e quem você é. Mesmo quanto a seus assim chamados concorrentes, tente fazer o que for possível para ajudá-los. Faça alianças e amizade com eles. Nos negócios, tudo é questão de relacionamento. Ajude-os a obter o que eles querem, e a antiga lei da reciprocidade entrará em ação: eles começarão a ajudar você a obter o que quer. O processo de dar inicia o processo de receber.

– Bem pensado – concordei, captando o poder das palavras daquele homem.

– Como eu digo, a diferença que faço com aquele artigo me faz sentir bem comigo e me lembra que estou abençoando vidas, ainda que de maneira modesta. Mas não levo tão a sério todo o reconhecimento que recebo. *Saiba que ninguém leva você a sério quando você se leva a sério demais.*

Sorri ao ouvir a última frase. O homem era bom mesmo.

– Não acredito que estão me chamando de sábio – ele continuou, tirando um pedacinho de banana de sua impecável túnica. – O que sei, afinal? Sou apenas um homem comum que, com a ajuda de alguns poderosos professores, descobriu uma filosofia que pode levar qualquer pessoa que a adote a ter uma vida linda. Todo ser humano precisa encontrar tempo para articular uma filosofia para sua vida; essa é uma das coisas mais importantes que uma pessoa pode fazer. Para viver de forma plena e grandiosa, toda pessoa precisa definir como quer viver e como será o maior brilho de sua vida. Todos nós precisamos ter uma declaração escrita num pedaço de papel que possamos olhar todas as manhãs, enquanto o resto do mundo dorme, e que nos sirva como uma bússola moral para mostrar a direção de nossas escolhas diárias. Será uma âncora que nos firmará em nossos melhores avanços. Sem essa declaração de filosofia, você viverá sua vida por acaso, reagindo ao que acontecer no dia a dia. Uma vida assim é uma receita para o desastre; você só pede problemas quando vive dessa forma. Isso me lembra de um ditado: "Se você não sabe aonde está indo, qualquer estrada o levará lá".

– Então preciso de algum tempo para pensar no que quero de verdade para minha vida?

– Com certeza, Dar. Essa é uma das *obrigações* da vida. As pessoas bem-sucedidas e realizadas acham tempo para pensar, planejar e refletir. Elas estão despertas para a vida porque sabem que cada dia é um dom incrivelmente precioso. Se você não acredita nisso, entre num hospital, quando estiver a caminho de casa, e converse com alguém na ala dos pacientes com câncer. Pergunte o que ele daria por mais um dia de vida.

As palavras de Julian me transpassavam. Eu tinha subestimado tanta coisa na vida. Nunca via cada dia na terra como um dom e uma oportunidade de criar algo grandioso ou de fazer uma diferença.

– A maioria das pessoas passa mais tempo planejando as férias de verão do que a própria vida. Que desperdício! Pense muito em sua vida. Pergunte a si mesmo: "Como devo viver?" Pergunte o que você deve fazer, que coisas não vai mais tolerar na vida e que padrões de excelência exigirá para si, visando a um contínuo avanço. Viver a vida sem uma devoção à excelência desonra os inestimáveis dons e talentos que lhe foram dados.

Julian continuou falando, dando alguns passos e levantando as mãos enfaticamente:

– Sem uma filosofia que reflita a *sua* verdade em termos de como você quer viver e o que almeja ser, como pode fazer escolhas que sejam certas para você? Sem uma filosofia, você viverá a vida de acordo com os desejos das outras pessoas. Será como aqueles lemingues, que seguem a multidão e pulam do penhasco para a própria morte. *Sem uma filosofia, você pode de repente se ver no leito de morte e pensar: "Será que toda a minha vida foi uma mentira?"*

– Isso explica as palavras no cartão, a frase: "Pare de viver a vida como uma mentira". Imagino que foi você que deixou aquele cartão para mim, Julian.

– Claro! Que graça tem a vida sem um pouco de mistério? Que alegria tem a vida sem um pouco de aventura? Eu estava tentando injetar algum deslumbramento em sua vida. Esse caminho que você está interessado em percorrer não é para os fracos de coração, meu amigo. Ele exige grande coragem. Você precisa enfrentar seus medos e passar entre eles. Não será fácil, mas isso o conduzirá àquele lugar que sua parte mais profunda anseia em conhecer. Enfim, como eu estava dizendo, não acredito que as pessoas estão me chamando de guru. Sou apenas um estudante da vida que tem alguns *insights* poderosos para compartilhar. Pense em mim mais como um guia. Eu apareço na vida das pessoas para guiá-las na direção certa. Procuro pessoas *dispostas* a fazer grandes mudanças na vida, porque elas sabem, lá no fundo, que a vida é muito mais que aquilo que estão experimentando no momento. Isso me lembra do que disse Rumi, uma vez: "Aquele que entra no Caminho sem um guia leva cem anos para fazer uma jornada de dois dias".

Eu ri, compreendendo a profundidade da sabedoria que me era passada. Aquele *só podia* ser Julian Mantle. Quem mais compartilharia tudo aquilo? Relaxei um pouco mais, livrando-me, por fim, do último traço de incerteza quanto à identidade daquele homem.

– Talvez uma maneira melhor de entender o que faço seja você me considerar um treinador para a vida. Eu treino as pessoas para se tornarem o que elas são de melhor e as ajudo a dar o melhor de si como seres humanos. Ajudo as pessoas a descobrir seu destino e viver seus sonhos. *É difícil acreditar que vivemos em um mundo onde a maioria das pessoas se preocupa mais em seguir a multidão e fazer o que todo mundo está fa-*

zendo do que em viver seus sonhos. Vou lhe dizer uma coisa, e rezo para que você nunca esqueça: *Um dos maiores arrependimentos que uma pessoa pode ter é chegar ao fim da vida e perceber que não realizou seus sonhos.* Chegar ao fim ou mesmo ao meio da vida e acordar, um dia, percebendo que você não se arriscou, não tentou alcançar as estrelas, não realizou um décimo de seu potencial, é de partir o coração. Acredite: eu vejo isso o tempo todo. No fim da vida, o que enche nosso coração de arrependimentos não são os riscos que corremos. Pelo contrário, o que nos faz sentir uma imensa tristeza é pensar em todos os riscos que *não* corremos, todas as oportunidades que *não* aproveitamos, todas as coisas que *não* fizemos. Não viva sua vida como uma alma tímida, meu amigo. Entre na arena, esqueça as críticas e jogue grande com as dádivas de seus dias. A vida é curta e os anos passam muito depressa, como grãos de areia escorrendo pelos dedos em um dia quente na praia. Você nasceu para brilhar e deixar que seus talentos vejam a luz do dia. *Existe apenas um fracasso na vida, que é o fracasso de não experimentar.* O maior fracasso na vida é a indisposição para jogar seu melhor jogo e para ir a lugares que o assustam.

– Concordo, Julian. Concordo totalmente. Eu me arrependo tanto de como vivi até agora!

– Seja gentil consigo mesmo. Nós crescemos com nossos erros. Como diz aquela velha máxima, o bom julgamento vem da experiência, a experiência vem dos erros e os erros vêm do mau julgamento. Prefiro experimentar a vida e cometer alguns erros a me privar do crescimento, recusando-me a sair do confinamento de minha zona de conforto. Pois bem, você cometeu alguns erros. Perdoe-se e toque o barco. *O passado é uma cova, e não faz sentido você passar a vida numa cova. Todo fim representa um novo começo. Ou, em outras palavras, você não pode ir em frente com a vida se ficar olhando pelo espelho retrovisor.* Como observava Cícero, "A alma das pessoas sábias olha para o estado futuro de sua existência; todos os pensamentos delas se concentram na eternidade". O segredo é *aprender* com seus erros e construir fundações de sabedoria. Una a autorresponsabilidade ao autoperdão. O segredo é também correr em direção a seus medos, em vez de correr deles, porque do outro lado dos maiores medos está sua maior vida. Se não correr até a muralha de seus medos, você nunca, jamais, descobrirá sua liberdade pessoal. A liberdade vive do outro lado dos medos. Com que frequência você acha que as pessoas sentem medo?

– Não tenho ideia – respondi com sinceridade. – Talvez uma vez a cada dois ou três meses.

– Se você não sentir um medo ou outro pelo menos *uma vez por dia*, é porque vive num porto seguro e se apega ao ancoradouro. Você sabe como Colombo chegou ao novo mundo? – Julian perguntou, animado.

– Não, Julian. Eu lia muito sobre história, mas não tenho ideia da resposta a essa pergunta.

– Ele seguiu um caminho perpendicular – disse Julian, juntando as mãos bronzeadas para formar um "T".

– Como assim?

– Antes de Colombo, todos os aventureiros velejavam rente à costa, onde podiam avistar a terra. Era a forma aceita de viajar. Colombo ousou ser diferente. Ele se recusou a fazer o que todos os outros haviam feito. Arriscou-se: velejou perpendicularmente ao litoral, direto para o alto-mar. E, como abandonou o conhecido e teve a bravura de entrar no desconhecido, ele se tornou um de nossos maiores heróis. Veja, meu amigo, que os heróis são revolucionários. Todo o progresso da humanidade foi feito por pessoas que se recusaram a pensar, sentir e agir como todo mundo. Quando John F. Kennedy afirmou que se empenharia em colocar um homem na lua, aquela era a fala de um revolucionário, de um indivíduo que se recusava a seguir a multidão e se arriscava. O sonho de Mahatma Gandhi de libertar uma nação era a fantasia de um revolucionário que se recusava a deixar que seus medos o dominassem. A meta de Madre Teresa de livrar Calcutá dos grilhões da pobreza era o ideal de uma revolucionária que se recusava a ouvir os gritos dos pessimistas que lhe diziam ser impossível aquilo. George Bernard Shaw definiu tudo isso muito bem: "O homem sensato se adapta ao mundo; o insensato tentar adaptar o mundo a ele. Portanto, todo progresso depende do homem insensato". Esse é um ponto importante de sabedoria. Todo progresso vem das pessoas insensatas, que seguem seu coração e as instruções de sua consciência, em vez dos comandos da multidão. Todo progresso vem daqueles que correm riscos e de homens e mulheres que estão dispostos a visitar os lugares que os assustam.

– Essa é uma boa visão, Julian – concordei. – Todo progresso humano, todos os avanços no mundo, desde a descoberta do fogo até a criação do computador pessoal, vieram de pessoas que tiveram coragem de não escutar a multidão, mas fazer o que sentiam que era certo, independentemente de tal sentimento ter provocado incerteza e medo dentro delas.

– Correr riscos é provocar medo, amigo. Mas correr riscos é estar vivo. Sinto profundamente que estamos mais vivos quando corremos riscos, quando somos audaciosos e visitamos os espaços desconhecidos de nossa vida. "*Grandes riscos, grande vida. Pequenos riscos, pequena vida*", é como eu vejo. Se você quiser viver de modo grandioso, deve também estar disposto a arriscar muito. Para chegar às pérolas, o mergulhador precisa estar disposto a ir fundo e visitar os lugares que as almas tímidas jamais visitariam.

– Bom exemplo.

– Quando você pede algo que nunca pediu antes, e seu coração começa a bater rapidamente, é aí que você está verdadeiramente vivo. Quando quer dizer algo a uma pessoa, mas a mera ideia de fazer isso lhe dá um frio na barriga, é aí que você está mais vivo. Quando faz uma coisa que nunca fez antes, mas segue adiante mesmo assim, porque sabe, no fundo do coração, que é algo que tornará sua vida mais rica e melhor, é aí que você está mais vivo. Papa Wallenda, o famoso artista que andava na corda bamba, definiu isso muito bem quando comentou: "A vida está suspensa na corda bamba. O resto é apenas espera".

Julian continuou, com um nível de entusiasmo que é raro em nosso mundo, hoje em dia:

– Veja-me, portanto, como seu treinador para a vida. Todos os astutos homens de negócios têm treinadores que os ajudam a chegar aonde querem. Todo atleta de elite tem um treinador que o ajuda a dar o melhor de si. Bem, pense em si mesmo como um artista de elite na quadra de esportes da vida. Você precisa de um treinador para guiá-lo, inspirá-lo e defendê-lo, à medida que você evolui até ser a pessoa que está destinado a se tornar. Eu sabia que você estaria no seminário hoje à noite. Aquele palestrante foi excelente, gostei muito do que ele disse. Espero que você não tenha se assustado com o modo como eu o chamei.

– Não, Julian – menti.

E ele prosseguiu:

– É que as pessoas com quem eu trabalho precisam estar dispostas a correr alguns riscos. A cada passo na jornada de nossa vida, temos uma escolha. Podemos enfrentar as coisas às quais resistimos e, com isso, crescer como seres humanos. Ou podemos escolher não nos empenhar e, com isso, permanecer estagnados e pequenos. Em outras palavras, nossas escolhas nos libertam ou nos limitam. Por isso, coloquei alguns pequenos desafios em seu caminho para ver como você reagiria. E você se deu muito bem.

– Bem, Julian... Espero que você não se importe de que eu o chame de Julian...

– Claro que não, Dar. Vamos nos conhecer muito bem nas próximas semanas. Deixemos de lado as formalidades – respondeu Julian, enquanto bebia uns goles de uma garrafa de água Evian.

– Eu adoraria ter você como meu treinador para a vida. Na verdade, sinto-me honrado por você ter me escolhido como seu próximo empreendimento. Você está certo. Tenho a grande sensação de que estou pronto para descobrir meu destino e viver minha verdadeira vida. Um milagre aconteceu comigo ontem que despertou em mim essa percepção. Não posso falar disso agora, mas deixe-me apenas dizer que estou começando a compreender que tesouro é essa dádiva da vida. Também começo a perceber que cada um de nós tem um potencial para a grandeza muito maior do que a maioria das pessoas imagina.

– É verdade – afirmou Julian.

– Julian, deixe-me fazer uma pergunta básica, que sei que a maioria das pessoas deve fazer a si própria: como podemos descobrir nosso destino?

Julian passou a mão sobre o bordado na frente da túnica. Ele fechou os olhos, como se estivesse procurando orientação de uma fonte superior. Depois de um longo silêncio, falou:

– *Ninguém descobre o destino, Dar. Seu destino é que descobrirá você. Ele o encontrará, desde que você tenha feito a preparação e o trabalho interior necessários para aproveitar a oportunidade, quando ela aparecer.* Carlos Castaneda disse muito bem: "Todos nós, sejamos guerreiros ou não, temos um centímetro cúbico de chance, que desponta na frente dos olhos de tempos em tempos. A diferença entre a pessoa comum e o guerreiro é que o guerreiro percebe isso e fica alerta, deliberadamente esperando para que, quando esse centímetro cúbico de chance aparecer, não seja perdido".

– Demais.

– Este é o segredo: pare de se preocupar em descobrir seu destino. Ocupe seu tempo conhecendo a *si mesmo*. Derrube a fachada que você mostra ao mundo e faça o profundo trabalho interior necessário para saber de fato quem você é. Concentre-se em reconstruir seu autorrelacionamento. Conheça seus valores mais profundos e verdadeiros. Conheça suas preferências e prioridades, não aquelas que as outras pessoas lhe ensinaram, afirmando ser as mais importantes, mas aquelas que *você* sente que têm o maior valor. Saiba o que faz você genuinamente feliz. Traga os padrões subconscientes e suas maneiras de reagir às coisas à luz de sua consciência, para que possam ser curados. Conheça seus medos e saiba como eles se desenvolveram. Quando você começa a se conhecer, torna-se capaz de aceitar seu destino, à medida que ele se aproxima. Quando você descobre quem é e o que é de fato, torna-se capaz de aproveitar aquele "centímetro cúbico de chance" que desponta a sua frente. E confie em mim, ele despontará.

– Certo. Faz sentido. Estou aberto para fazer todo esse "trabalho interior", como você o chama, inclusive conhecer meus medos mais tétricos.

– Alguém lhe deu esses medos, sabia? Alguém os ensinou a você.

– Verdade?

– Claro. No momento de seu nascimento, você não tinha medo. Ao nascer, você era pura perfeição. Henri Amiel certa vez escreveu: "A infância é abençoada pelo céu, pois ela traz um pedaço do paraíso à crueldade da vida. Todos esses milhares de nascimentos a cada dia são novos acréscimos de inocência e pureza que lutam contra nossa natureza deturpada".

– É verdade, Julian. As crianças vêm até nós muito mais evoluídas que os adultos, para nos ensinar as lições que precisamos aprender. Sei que esqueci essa lição muitas vezes. Em vários sentidos, as crianças são nossos professores. Elas sabem muito mais do que lhes damos crédito.

– Exato, amigo. Como bebês, somos realmente perfeitos. Ainda somos ligados à força que criou o mundo. Mas, quando começamos a crescer, adotamos os medos do mundo a nossa volta. Nós nos tornamos "deturpados". Fazemos isso porque queremos fazer parte do mundo e ser como todas as outras pessoas. Queremos que nossos pais nos amem e nos adorem. Por isso, nós os temos como modelos e assumimos seus medos, suas crenças limitantes e suas falsas premissas para que possamos ser mais parecidos com eles. E fazemos tudo isso porque desejamos ser amados. *Quem você é neste momento não é quem você verdadeiramente é. Pelo contrário, é uma pessoa que você se tornou por estar neste mundo.* Para se livrar de todos esses medos que você absorveu do mundo ao redor, terá de voltar e explorar a fonte de todos eles. Depois, terá de trabalhá-los até que eles não façam mais parte de sua psique. Para conhecer a si mesmo, de modo que seu destino o encontre, você também precisa prestar mais atenção em sua vida e refletir nas lições que precisam ser aprendidas. Precisa ser rígido consigo mesmo e examinar sua história.

– Minha história?

– Cada um de nós cria uma história de sua própria vida, mesmo que só a conte para si mesmo. Para alguns, a história é sobre ser vítima. Eles são como são por causa da infância, ou por causa do lugar onde cresceram, ou por causa das coisas ruins que lhes aconteceram. Muitas pessoas no mundo, hoje em dia, são vítimas profissionais.

– Por quê?

– Porque bancar a vítima é fácil. Você não tem de assumir responsabilidade pela situação em que está sua vida. Pode culpar todas as outras pessoas pelo que não dá certo, sem nunca olhar para si próprio e fazer as mudanças necessárias. *Mas, quando banca a vítima, você entrega o poder àquilo que o está vitimando. É um modo muito impotente de viver.*

– É verdade, mesmo – comentei, assentindo com a cabeça.

– A história que as pessoas criam pode ser a de que elas são velhas demais para ir atrás de seus sonhos, ou não são suficientemente atraentes para encontrar o companheiro que desejam, ou não são inteligentes o bastante para fazer o que querem. E por aí vai. Resumindo, o que enfatizo é isto: *A melhor atitude que você pode tomar é trabalhar com seu autorrelacionamento.*

– Como você fez no Himalaia – arrisquei.

– Exatamente como eu fiz no Himalaia – Julian concordou. – A maioria das pessoas perdeu a ligação consigo mesma. Elas se esqueceram de quem realmente são. Isso me deixa tão triste! Cada um de nós tem grandeza inscrita no DNA. Nossa vida foi designada para ser repleta de alegria, excitante e rica de amor, paz e beleza. A felicidade é nosso direito inato. Mas nós mesmos atrapalhamos nosso caminho. Caímos na armadilha da mediocridade. Acreditamos que não merecemos os milagres. Arriscamos pouco devido ao medo de que, se nos lançarmos às nossas maiores possibilidades, nos machucaremos, ou as pessoas não nos amarão, ou nossa vida não dará certo.

– É verdade.

Julian continuou, entusiasmado:

– Acreditamos na mentira de que só o dinheiro nos trará felicidade, por isso vendemos nossa alma. Simplesmente não sabemos mais quem somos nem o que deveríamos nos tornar. Inconscientemente trocamos o poder autêntico com que nascemos pelo poder externo que resulta do fato de estarmos no mundo. Esquecemos realmente quem somos. E, se você não sabe quem é nem o que quer ser, como pode reconhecer e agarrar seu destino quando ele se apresentar a você? *Conheça a si mesmo e, eu prometo, seu destino o encontrará.*

Julian fez uma pausa. A seguir continuou:

– Muito bem. Está na hora de terminarmos nossa primeira sessão de treinamento, Dar. Está ficando tarde e eu tenho certeza de que você já teve agitação suficiente para uma noite.

Julian colocou um de seus braços musculosos sobre meus ombros, enquanto saíamos do camarim e caminhávamos pelo corredor. Só estar ao lado dele já me trazia paz.

– E tudo que peço é que você confie em mim. Se estiver disposto, eu o levarei a um lugar onde você nunca sonharia em estar. Frederick Faust usou sábias palavras quando disse: "Há um gigante adormecido dentro de cada pessoa. Quando esse gigante acorda, milagres acontecem". Vou compartilhar com você os segredos que aprendi lá no alto daquelas montanhas. Vou lhe mostrar tudo que você precisa saber para provar a delícia que a vida pode ser. Apenas "solte todas as rédeas" ao menos uma vez na vida, meu amigo.

– O que você quer dizer com isso?

– Bem, é uma frase que eu amo. Ela fala da necessidade que cada um de nós tem de encarar nossos medos, se quisermos viver uma vida plena e magnífica. Vem de um texto escrito por Mary Cholmondeley. Pegue isto. Vai ajudá-lo.

Julian me deu um pedaço de papel que tirara do bolso da túnica. Parecia amassado pelo uso. Dizia apenas:

> Todo ano que eu vivo, mais me convenço de que o desperdício da vida está no amor que não demos, nos poderes que não usamos, na prudência egoísta que jamais quer arriscar e que, evitando a dor, perde a felicidade também. Ninguém fica mais pobre na longa jornada da vida se ao menos uma vez "soltar todas as rédeas".

– Citação fantástica, Julian! Saiba que estou disposto a fazer tudo que você me aconselhar – eu disse, reconhecendo a gigantesca oportunidade que a oferta de Julian para ser treinador de minha vida apresentava. Alguns amigos que também tinham empresas já me haviam falado muito a respeito do valor de um treinador assim, e eu me sentia abençoado por Julian ter entrado em minha vida naquele momento. – Quanto tempo levará minha transformação?

– *A transformação pessoal não é uma corrida, Dar. Na verdade, às vezes, quanto mais você força para mudar, mais ela demora.* Muitas pessoas veem a autodescoberta como um esporte radical: correm para obter uma cura total em um ritmo frenético. Leem um livro atrás de outro, visitam um guia após outro e frequentam seminário atrás de seminário. Elas querem saber as respostas às grandes perguntas com as quais se debatem. Mas uma pessoa que não consiga tomar parte no mistério de sua vida e desfrutar o processo do crescimento pessoal é alguém que vive no medo.

– É mesmo? – perguntei, surpreso por ouvir aquilo. Um dos valores dominantes de nossa sociedade é a noção de "quanto mais rápido, melhor", e ouvir Julian rejeitando essa ideia contribuía para aumentar a aura mística ao redor dele e de sua filosofia não convencional.

– Entenda que sua noção de tempo não é necessariamente a da natureza. Relaxe no processo. Você não tem de saber todas as respostas, pelo menos por enquanto. Quando você estiver pronto para um pouco de aprendizado e para uma lição específica, ela virá. Que graça teria se você soubesse todas as tramas e viradas de um filme no meio dele? *Sua vida é como uma história de suspense, meu amigo: metade da diversão é o fato de não saber o que vai acontecer. A vida é tão fluida. Tudo está sempre mudando. O modo como você pensa que algo vai acontecer não é como vai acontecer. Aí é que está a graça de todo o exercício. E essa é a dádiva.*

– Como assim?

– Parte do propósito da vida é aprender simplesmente a *aceitar* que ela todinha é um mistério. Parte de sua jornada é *aprender a abandonar* todos os seus medos de que as coisas não funcionem como você espera. A vida nunca será exatamente como você espera. Quando você compreender isso, começará a relaxar e aproveitar a aventura. Olhe para trás e veja como sua vida se desenrolou até agora. Foi do jeito que você havia planejado?

– Tenho notado, nos últimos meses, que nunca imaginei que ela seria assim como é.

– Certo. E a vida de todo mundo é assim. E, se você refletir mais tempo nessa questão e cavar mais fundo, prevejo que descobrirá que, embora talvez não tenha esperado alguns dos pontos baixos da vida, o mesmo poderá dizer dos altos.

– Sim, você está completamente certo, Julian. Estou passando por um período difícil agora, mas, para ser sincero, admito que nunca sonhei que teria todo o sucesso que tive em meu caminho até aqui. É totalmente inesperado como muitas coisas maravilhosas acontecem.

– Isso mesmo. Portanto, a verdadeira lição é que ninguém pode controlar a vida ou compreender seu grandioso desígnio. Mas, acredite em mim, ela tem uma perfeição. Mesmo o que você está vivendo agora, você verá, com o passar do tempo, que é uma linda bênção que acrescentou enorme valor e riqueza a sua vida.

– Sério?

– Sério – disse Julian. – Muitas pessoas não compreendem a noção de que seus planos e metas não darão certo da forma como preveem. Esse tipo de pensamento reflete uma questão de controle da parte delas. E, por trás dessa necessidade de controle, geralmente existe um medo. Essas pessoas não confiam nos métodos da natureza. Elas têm pouca fé no amor que a fonte de toda a criação tem por elas. Sim, claro, faça planos e defina metas. Empenhe-se em conseguir o que você deseja. Isso faz parte do ser de uma pessoa responsável, fixar intenções faz com que muitas delas se realizem. *Mas apegue-se a seus planos e metas sem muita força.* Frequentemente o universo lhe enviará um tesouro em um pacote inesperado. Se você estiver ocupado demais, perseguindo ou apegando-se com unhas e dentes àquilo que acha que é o melhor para você, acabará perdendo o que é *realmente* melhor.

– Nunca ouvi algo assim antes. Aqueles sábios na Índia devem ser indivíduos fantásticos.

– Fantástico é pouco, meu amigo. Enfim, vamos voltar ao que eu estava dizendo – prosseguiu Julian, mantendo o foco no que desejava que eu aprendesse, como um apontador a *laser*. – Abandone sua necessidade de controlar o caminho de seu destino. Pois, por mais que você tente, não conseguirá fazer isso. Claro que você pode fazer escolhas sábias, e elas terão um impacto. Mas, no fim das contas, não é você quem está no controle. Somos muito arrogantes como seres humanos. Achamos que somos mais inteligentes que o universo. Este universo que criou o pôr do sol e os arco-íris. Este universo que criou as estrelas e a lua. Pensamos saber o que é melhor para nós, mais do que a própria força que criou tudo que existe. É até engraçado, se você para para pensar. Como é pequena a nossa fé.

– Tudo isso é nosso medo, estou começando a entender.

– Correto – replicou Julian. – O medo é o fator número um que faz as pessoas viverem uma vida tão pequena e inautêntica. Voltando a sua pergunta original sobre quanto tempo demora a transformação, quero repetir que o crescimento pessoal não é uma corrida até a linha de chegada. É um processo *orgânico*. Você precisa dar tempo até as lições que eu lhe revelar se tornarem integradas nas profundezas de seu ser. Quando você estiver pronto para receber determinada lição, receberá uma perfeita experiência ou uma pessoa que represente uma oportunidade para você aprender tal lição. E, quando ela lhe for passada, você precisará de tempo para poder integrá-la. Não há pressa. É uma jornada maravilhosa. Acredite que o lugar onde você estiver, a qualquer momento, é justamente o lugar onde você deve estar.

– Certo, vou relaxar um pouco mais. Vejo agora que não estou numa corrida. Vou deixar minha transformação se dar "organicamente", como você diz, Julian – observei.

Julian me conduziu pelo longo corredor que nos levaria de volta ao auditório. Vendo uma lata vazia de refrigerante que alguém havia jogado no piso de cimento, ele se abaixou e a pegou.

– Cada pequeno ato conta – ele disse. Não entendi muito bem o que ele quis dizer, mas fiquei em silêncio.

– Nas próximas semanas e meses, eu lhe ensinarei um processo de sete passos que o ajudará a reconquistar a perfeição que você tinha quando era um recém-nascido. Esse processo despertará o que há de mais nobre e melhor em você. Mas você precisa ter paciência. Se o seguir até a conclusão, provará a iluminação como ser humano.

– Iluminação? Uau! – exclamei, percebendo a alegria que me aguardava.

– Você precisa se comprometer com essa jornada, Dar. Precisa estar disposto a fazer o trabalho interior necessário para percorrer os sete estágios do autoconhecimento e seguir corajosamente o caminho que eu lhe revelarei. Por favor, entenda que a cada passo no caminho você terá uma escolha – os seres humanos sempre têm a escolha de como seu destino se desenrolará. Você pode resistir ao crescimento que eu o encorajo a aceitar, ou pode adotá-lo. E, se você sempre preferir crescer e caminhar em direção a seus medos, alcançará estágios cada vez mais altos de liberdade pessoal e grandeza individual. Você poderá descobrir o que a vida é realmente. Começará a perceber as verdades universais e as leis naturais que governam a operação do mundo. E, quando as conhecer, poderá continuar escolhendo alinhar-se com elas. E, quando você se alinha com as leis naturais que governam o mundo, sua vida *automaticamente* dá certo. Você começa a descobrir a verdade. Começa a conhecer quem você realmente é. Começa a acessar seu fulgor pessoal e as possibilidades ilimitadas que se encontram na essência de sua vida. É aí que ela se torna mágica.

– Há algum custo para isso, Julian? – perguntei quando entrávamos no auditório onde o palestrante motivacional havia falado. – Ouvi dizer que um treinamento para a vida às vezes é muito caro.

– Claro que não. Meus serviços são gratuitos. Só me forneça sempre bananas – Julian disse, sorrindo. – Sério, estou numa cruzada para ajudar as pessoas a perceber do que realmente elas são capazes. Minha maior alegria é ajudar uma pessoa que necessita de meu conhecimento. *O serviço altruísta é o aluguel que eu pago por viver neste planeta maravilhoso.* Quero que as pessoas saibam o que significa ser um ser humano em pleno funcionamento e autodesperto. Dói-me ver a forma que o mundo tomou – Julian comentou, quando paramos de andar.

Ele ficou em silêncio por um momento e totalmente imóvel, exceto pelas lágrimas que começavam a se formar em seus olhos. Então continuou:

– Este é um lugar no qual as pessoas esqueceram como se sonha. Quero ajudá-las a sonhar de novo. Não seria incrível se a raça humana pudesse se unir como um bando de sonhadores? Imagine como seria nosso mundo. Imagine o legado que poderíamos deixar para nossos filhos! Quero ajudar as pessoas a confiar de novo. Quero ajudá-las a viver novamente, e viver *de verdade*. Quero lhes mostrar como *amar* novamente. Então, meu amigo, é meu *dever* ajudá-lo. Será uma alegria prestar-lhe esse serviço. Sou um líder servidor no mais verdadeiro sentido da palavra, se você não se importa que eu diga isso. Dar aos outros me traz grande felicidade. É uma recompensa mais que suficiente.

– Sou grato, Julian – eu disse, expressando a profunda gratidão de meu coração por aquele homem que estava tão interessado em me ajudar.

– A palavra "dever" costuma ser vista negativamente em nossa cultura. Muitas pessoas não gostam da ideia do dever, de sentir que o dever as limita e as impede de viver o momento. Para mim, a palavra "dever" representa liberdade e felicidade. O grande poeta indiano Rabindranath Tagore definiu isso com muito mais elegância que eu: "Dormi e sonhei que a vida era Alegria, depois acordei e vi que a vida era Dever. Então fui trabalhar, e eis que descobri que o Dever pode ser Alegria". Meu destino é servir. E fazer o que devo fazer, ou seja, realizar o trabalho para o qual fui colocado no planeta, é para mim pura alegria e absoluta glória. Woodrow Wilson disse a verdade quando afirmou: "*Você não está aqui apenas para ganhar a vida. Você está aqui para possibilitar ao mundo viver de modo mais amplo, com maior visão, com um espírito mais apurado de esperança e conquista. Você está aqui para enriquecer o mundo, e você empobrecerá a si mesmo se esquecer sua tarefa*".

– Muito bem, Julian – eu disse. – Prometo que serei um ótimo aluno. Escutarei sua sabedoria e me comprometo a fazer as mudanças que você sugerir. Obrigado por me encontrar. Muito obrigado. Sinto que minha vida nunca mais será a mesma depois desta noite.

– Você está certo, meu amigo. Encontre-me no The Q Hotel amanhã de manhã. Começaremos nossa primeira lição completa.

– Esse é um dos meus hotéis – eu disse, rindo.

– Eu sei – disse Julian, radiante. – Estou hospedado lá. Como eu disse, não há nada errado em viver uma vida materialmente linda. Apenas não a restrinja a isso.

– É ótimo saber disso. O despertar de meu eu superior não seria divertido se eu tivesse de abandonar tudo por que lutei tanto. Algumas dessas coisas, como meu barco a vela, por exemplo, me deixam feliz. Adoro velejar em um dia perfeito de verão. Por um instante, achei que você ia me dizer que o único modo de eu encontrar iluminação seria vender tudo que possuo e ir viver isolado no topo de uma montanha.

– Creio que, em muitos sentidos, isso pode ser enganador. Qualquer um consegue encontrar certo nível de paz ao se divorciar do mundo e passar a vida sozinho. Ninguém pode pressioná-lo se você está totalmente só. Nunca me esquecerei da história que li sobre um monge que passara sete anos em solidão, vivendo em um templo no Tibete. Ele ficava meses em silêncio, aquietando a mente e limpando-a de impurezas. Chegou um momento em que ele sentiu que havia alcançado o estado de iluminação. Sabe o que fez?

– O quê?

– Retornou à cidade de Nova York. No dia de sua volta, foi fazer compras naquela gloriosa metrópole. Dali a poucos minutos, sentiu-se dominado pelo estresse. As buzinas dos carros, as multidões e o ritmo frenético o assustaram. Essa dificilmente seria a reação de um ser iluminado. Ora, não estou dizendo que o silêncio e a solidão *não* são importantes para você se religar a seu eu superior. Kahlil Gibran, o brilhante filósofo, escreveu: "Há algo maior e mais puro do que a boca diz. O silêncio ilumina nossa alma, sussurra ao nosso coração e une os dois. O silêncio nos separa de nós mesmos, nos faz velejar pelo firmamento do espírito e nos aproxima do céu".

– Belas palavras – eu disse, saboreando a citação profunda que Julian havia compartilhado.

– Sim. O silêncio e a solidão são essenciais para você participar de todas as possibilidades que sua vida pode lhe oferecer. Mas o que realmente requer coragem e força de caráter é encontrar a iluminação bem aqui, no meio da cidade. O que requer sabedoria é encontrar paz interior no lugar onde você está.

– E quanto aos monges que você conheceu? Como eles teriam reagido em Nova York? – pensei em voz alta.

– Aqueles monges são conhecidos como os sábios de Sivana. Poucas pessoas foram capazes de encontrá-los, uma vez que eles são extremamente reclusos e residem em uma parte remotíssima do Himalaia. E saiba que eles são seres *genuinamente* iluminados. Coloque-os em *qualquer* lugar do mundo e em *qualquer* situação, e eu lhe garanto que eles ficarão totalmente à vontade e em profunda paz. Aqueles sábios não eram nada menos que indivíduos mágicos. Sei que nunca mais encontrarei seres como eles – explicou Julian, enquanto olhava de relance para o chão. Acho que sentia falta deles.

– A que horas você quer me encontrar no The Q Hotel? – perguntei gentilmente.

– Às cinco da manhã.

– Você está brincando!

– Eu brincaria com algo assim, amigo? – perguntou Julian, piscando um olho e se recompondo. – Se você quer a sabedoria de um monge, precisa agir como um. Os sábios acreditavam que as horas do comecinho da manhã têm uma qualidade quase mística que oferece um excelente espaço para aprender e se aprofundar.

Com essa afirmação de crença, Julian se aproximou e me deu um grande abraço, para em seguida sair pelo corredor, com a túnica balançando de um lado para outro. Fiquei lá, de pé, em silêncio, por vários minutos, literalmente sem me mover. Não podia acreditar em minha boa sorte. Justamente quando eu pensava que jamais encontraria as respostas que vinha procurando, um verdadeiro mestre aparecia em minha vida.

Ao sair do auditório, vi uma carteira de couro no chão, que alguém devia ter perdido. Peguei-a com a intenção de entregá-la a um segurança ou supervisor noturno. Minha curiosidade me fez abri-la para ver o que continha. Não havia dinheiro, cartão de crédito ou qualquer identificação. Na verdade, a carteira estava vazia, exceto por uma coisa: dentro do compartimento para notas, vi algo que me surpreendeu. Era um recorte com o artigo do jornal local sobre Julian e suas aventuras. Peguei o papel e olhei fixamente para ele. Julian obviamente havia deixado aquilo para mim. As últimas duas frases do artigo estavam sublinhadas em vermelho. Elas diziam: "Julian Mantle – o monge que vendeu sua Ferrari – acredita no poder do espírito humano de ser uma força para o bem no mundo. Ele parece ter descoberto as verdades sobre as quais nossa gloriosa vida foi construída, e talvez você, se tiver muita sorte, seja o próximo aluno dele".

Dobrei o papel e o coloquei no bolso da camisa – o bolso do lado do coração.

3

O buscador aprende o poder de um chamado e descobre o significado oculto do destino

Imagine que o único propósito da vida seja sua felicidade – então a vida seria uma coisa cruel e sem sentido. Você tem de adotar a sabedoria da humanidade. Seu intelecto e seu coração lhe dizem que o significado da vida é servir à força que o enviou ao mundo. E então a vida se torna uma alegria.

- Leon Tolstói

Fiquei virando de um lado para outro na cama, naquela noite curta de sono, e tive alguns dos mais estranhos sonhos de minha vida. Sonhei que estava correndo nu pelas ruas. Em outro sonho, eu estava trancado dentro de meu carro, e ele descia rápido por uma ponte e caía no mar. Em outro ainda, eu possuía a capacidade de voar. Cada um desses sonhos, imaginei, indicava algo pelo qual eu vinha passando. "Os sonhos são a linguagem da alma", li em algum lugar.

Correr nu pelas ruas provavelmente era o anseio de meu coração para que eu fosse mais vulnerável e tirasse a fachada – a máscara pública – que eu usara toda a vida, num esforço para fazer parte e ser como todas as outras pessoas. O sonho devia ter algo a ver com ser mais autêntico, mas também com o medo de me abrir. Estar trancado num carro afundando tinha a ver com os medos que começaram a surgir logo depois de Julian ir embora, na última noite. Eu começava a duvidar de algumas coisas que ele me dissera. Será que eu poderia mesmo transformar minha vida? Será que meu destino de fato se cumpriria, se eu simplesmente entrasse em meu íntimo e me conhecesse? Era verdade que a maioria das pessoas se entregava a uma vida de mediocridade e perdia a fantástica existência que lhe era destinada? E quanto aos sete estágios para o autoconhecimento de Julian? Embora eu confiasse em Julian, e embora seu fulgor intelectual estivesse além de qualquer suspeita, parte do que ele me dissera parecia agora místico demais.

E o sonho de voar? Bem, meu instinto me dizia que ele tinha algo a ver com minha parte mais profunda - minha alma - ansiando por alcançar meu mais alto potencial. Eu pensava nas palavras que tinha ouvido naquele quarto de motel, dois dias atrás: "A vida é um tesouro, e você é muito mais do que sabe". Pensando em meus sonhos na escuridão daquelas primeiras horas da manhã, eu começava a ter uma certeza cada vez maior de que, com Julian como meu sábio e atencioso treinador, minha vida não deixaria de se elevar.

O The Q Hotel era uma de minhas propriedades favoritas, em nosso portfólio de hotéis. Era luxuoso e muito popular entre os *fashionistas* e grã-finos. Acordei às 4h30 com muita dificuldade, mas não queria me atrasar para o encontro com Julian. Eu sabia que ele era um homem pontual, que valorizava os compromissos, segundo meu pai me havia dito.

Quando estacionei no The Q, com sua aparência chique, minimalista, não pude deixar de notar o magnífico carro parado bem na frente. Era uma Ferrari clássica. Vermelha, reluzente, em condição impecável. Eu não conseguia desviar os olhos. Ela imediatamente me trouxe lembranças de minha infância, quando meu pai e eu passávamos em frente à fabulosa mansão de Julian e olhávamos boquiabertos para o carro.

Sinto muita falta de meu pai. Ele era um grande homem. Morreu vários anos atrás, mas ainda fico triste quando penso nisso.

Sinto falta dele todos os dias. Também sinto muita falta de meus filhos. Claro que eu os vejo toda semana, mas eles são parte de meu coração, e eu gostaria que estivessem comigo o tempo todo. Seja como for, a Ferrari me trouxe de volta uma enxurrada de lembranças, todas muito boas.

Quando estacionei meu carro atrás da Ferrari, um novo porteiro, Jake, correu para me cumprimentar.

– Bom dia, senhor Sandersen, e bem-vindo ao The Q – ele disse, rindo. – É muito bom ver o senhor, chefe.

– É bom ver você também, Jake – retribuí, com sinceridade. – De quem é esse bebê? – perguntei, apontando para o carro.

– Não tenho certeza. Só sei que temos um monge hospedado esta semana. Todo mundo está falando dele. Chegou nesse carro por volta das quatro da manhã, logo depois de eu começar meu turno. O sujeito sabe mesmo como dirigir uma Ferrari! O senhor deveria ter visto como ele subiu a rua! Ele é muito legal, se o senhor não se importa que eu diga; deu-me vinte dólares de gorjeta.

O grande Julian Mantle, sempre cheio de surpresas. Eu sabia que ele tinha poucas posses – o artigo de jornal confirmava isso. Dizia que ele não tinha o menor interesse em voltar ao antigo estilo de vida. Mas eu sabia que Julian ainda apreciava *todos* os aspectos de viver, isso era óbvio. Ele não se recriminava por seu amor pelos luxos da vida e por seu gosto pelo melhor. Apenas essas coisas agora não se encontravam mais no topo de sua lista de prioridades. Embora gostasse delas pelo prazer que ofereciam, ele não tinha a menor necessidade delas.

Eu não tinha ideia de como Julian conseguira a Ferrari e não sabia como tinha dinheiro suficiente para se hospedar no The Q. *Eu apenas confiava que tudo estava em perfeita ordem no universo.* Apertei a mão de Jake e entrei no saguão. Maria, a bonita gerente italiana, me cumprimentou:

– O senhor Mantle o aguarda no quarto, senhor Sandersen. Tenha uma ótima manhã.

– Em que quarto ele está, Maria?

– Nós o colocamos no Lotus Loft.

– É um dos mais caros do hotel! – exclamei, surpreso.

– Bem, ele chegou e pediu um quarto. Disse que não importava qual, pois ficaria confortável em qualquer um. E foi tão gentil e educado! Por isso lhe demos nosso quarto favorito no hotel. Eu adoro o Lotus Loft. Não é o maior, mas é o que tem a melhor energia, em minha opinião.

Apenas balancei a cabeça e sorri. Caminhei até o elevador e apertei o botão do andar de Julian. Enquanto andava pelo corredor até o quarto dele, ouvi alguém cantando junto com uma música gravada. Não era alto o suficiente para acordar os outros hóspedes, mas podia-se ouvir. Quando cheguei mais perto de meu destino, percebi que o fã de *rock* não era outro (claro) senão o grande Julian Mantle.

Assim que bati à porta, ela se abriu, revelando uma cena incrível: Julian estava ali, com um enorme sorriso, vestindo apenas *shorts* brancos. Seu corpo liso e bronzeado mostrava os músculos fortes e bem moldados protuberando na pele. Raramente eu tinha visto alguém em tão boa forma física, principalmente um homem que teria a mesma idade de meu pai, se este ainda estivesse vivo. O cabelo de Julian estava penteado para trás, com elegância, dando-lhe uma aparência de paz, mas também de vigor. Segurava na mão um copo com suco de laranja, e disse animado:

– Bom dia, amigo! Entre, estou escutando música. É Dave Matthews. O título da canção é "Gravedigger" [coveiro]. Amo essa música. Para mim, ela fala da importância de viver plenamente enquanto tivermos essa chance. Vida plena e abundante, aproveitando cada momento, mesmo aqueles que não são os ideais. Porque a vida acaba logo. Quando menos esperarmos, já estaremos debaixo da terra, e todos aqueles prazeres simples que subestimávamos, como sentir as gotas de chuva no rosto, ver nossas crianças rirem ou observar o nascer do sol, serão coisas do passado. Vou lhe dizer uma coisa, Dar: geralmente as coisas que mais valorizamos quando temos 20, 30 e 40 anos são aquelas que valorizamos menos no fim da vida. E todas aquelas coisas que tanta gente valoriza menos, como manter ligações humanas profundas, ter atos aleatórios de bondade, estar em excelente condição física, dedicar-se à excelência no trabalho, criar um legado e encontrar tempo todos os dias para si próprio para fazer brilhar o melhor de si, todas essas coisas se revelarão, no fim, as mais valiosas. *No leito de morte, ninguém gostaria de ter mais dinheiro no banco ou um carro maior na entrada de casa. O que pensamos, sim, quando estamos perto do último suspiro, é que gostaríamos de ter levado uma vida corajosa, autêntica e mais amável.*

– É verdade. E, no entanto, passamos os melhores anos de nossa vida indo atrás de coisas como fama e fortuna.

– Pois é. Fazemos isso porque somos ensinados por aqueles a nossa volta que esses são os valores que importam. Mas temos uma escolha: podemos aceitar os valores da multidão ou podemos ousar ser verdadeiros para nós mesmos e viver a vida da maneira certa para nós, em nosso nível mais profundo e verdadeiro. De novo, digo que não há nada de errado com o dinheiro. Ele é uma coisa maravilhosa, que traz muita felicidade e nos faz muito bem, desde que devidamente usado. Ganhar dinheiro é ótimo e *deve* ser uma de suas prioridades, se você deseja viver uma vida boa.

– Mas ir atrás do dinheiro não pode ser minha maior prioridade.

– Exatamente. Nunca cometa o erro de colocar o dinheiro acima do compromisso de servir à força que enviou você aqui, de fazer uma diferença enquanto vive no planeta, de amar sua família e reconquistar seu eu superior. Lembre-se de que há muitas formas de riqueza, sendo a financeira uma delas. Aquele que tem relacionamentos ricos e uma comunidade de amor a sua volta é, em minha opinião, muito rico. Quem tem uma vida de aventura, excitação e aprendizado contínuo tem uma espécie diferente de riqueza. E a pessoa que é espiritualmente ligada a toda a vida e acorda todas as manhãs sentindo-se profundamente em paz e consciente da verdade deve, com certeza, ser considerada alguém que acumulou outra forma de riqueza. A multidão, nossa tribo chamada sociedade, nos ensinou que a riqueza econômica é a única espécie de riqueza que devemos almejar. Que mentira! E, por favor, leve em conta este fato essencial acerca do dinheiro: ele é só um *subproduto*.

– Subproduto de quê?

– De dar valor e fazer o bem aos outros. Dedique-se a ser ótimo naquilo que você faz. Dedique-se a oferecer aos outros tudo que você puder para ajudá-los a viver melhor. Tenha um *verdadeiro* destaque em todo elemento de sua vida profissional e pessoal. O dinheiro virá, eu lhe garanto. *O dinheiro é o subproduto não intencional, porém inevitável, de uma vida dedicada a ajudar os outros a obter o que querem. O dinheiro nada mais é que o pagamento feito pelo universo em troca do valor que você deu aos outros. Aquilo que você semeou você vai colher.*

– Ah, Julian – interrompi, – onde está sua túnica? Sei que você disse ontem à noite que devemos abrir mão das formalidades, mas isso não é um pouco demais? Embora esses *shorts* sejam bacanas – comentei, sorrindo. Eu sabia que podia brincar com Julian, ele era um sujeito divertido.

– Minhas túnicas estão na lavagem a seco, Dar. Que equipe você tem aqui! Estou impressionado. Disseram que estariam prontas em algumas horas. Então, por enquanto, estou descansando em meus *shorts*. E adorando essa música. A música faz minha alma cantar. Ela é muito importante em minha vida. Faz-me sentir incrivelmente bem. Não posso imaginar a vida sem música.

Um monge que adora Dave Matthews, hotéis chiques e coisas boas. Belisque-me! Julian esfregou o copo de suco e depois desligou o *CD player*. Olhou para mim, como que se desculpando, e disse:

– Espero não ter embaraçado você quando abri a porta usando estas roupas. Não pensei muito no que estava vestindo. Estava me divertindo tanto esta manhã! Uma das coisas que desenvolvi a partir do convívio com os sábios de Sivana, na Índia, é o que chamo de "luxúria pela vida". Todas as pessoas devem fazer o que for necessário para desenvolver uma luxúria pela vida. Todos nós devemos arranjar tempo para ficar excitados com os prazeres simples da vida, aqueles que cultivávamos quando crianças. Para mim, esses prazeres são algo como jogar uma pedra no rio e vê-la saltar várias vezes, desenhar anjos na neve num gostoso dia de inverno ou dançar uma música como se você estivesse completamente sozinho. Hoje em dia me deixo levar tanto pelo momento que às vezes me esqueço de algumas convenções sociais que eu observava quando era advogado. Aquelas coisas não me parecem importantes, agora. Estar envolvido no presente, é isso que tem tudo a ver com a vida. Nada é mais importante para mim do que estar plenamente aqui. *A vida é vivida no agora*, meu amigo. Como eu disse antes, o passado é uma cova. A vida é para os vivos. Os sábios entre nós entendem isso. Como o grande escritor e filósofo Paulo Coelho confirma, no lindo livro *O alquimista*, "Tenho apenas o presente, e ele é o que me interessa. Se você puder permanecer sempre no presente, então será um homem feliz. Vai perceber que no deserto existe vida, que o céu tem estrelas e que os guerreiros lutam porque isto faz parte da raça humana. A vida será uma festa, um grande festival, porque ela é sempre e apenas o momento que estamos vivendo".

– É melhor eu anotar todas essas lições agora, Julian? – perguntei, realmente interessado.

– Por enquanto, não. Escrever é uma prática muito importante para a autodescoberta. Os monges que conheci no Himalaia me ensinaram sobre o tremendo valor do hábito de escrever um diário. A disciplina mudou minha vida, Dar. Assim como você conhece outra pessoa tendo conversas profundas com ela, escrevendo um diário você se conhece por meio da escrita. Descobri o que queria e o que estava me impedindo de viver o melhor de minha vida. Meu diário me ofereceu um lugar para registrar meu aprendizado, um meio de processar as emoções não sentidas que me bloqueavam e um veículo para articular a filosofia que eu havia prometido a mim mesmo seguir. Mas, embora o diário possa ser maravilhoso para a purificação e a cura emocionais, também é uma atividade centrada na mente. E, por enquanto, quero que você se afaste da mente e se aproxime do coração. Quero guiar você do caminho do intelecto para o dos sentimentos. Você passou a vida toda na mente, e aonde ela o levou?

– Ainda estou amargurado – respondi, com toda a sinceridade.

– Certo. Então, talvez, apenas talvez, ainda existam um ou dois elementos faltando – Julian sugeriu, em tom gentil. – Meu palpite é que você precisa abrir o coração, meu amigo. E viver no momento faz abrir o coração, não a mente. Você já se sentou diante de um magnífico pôr do sol e se pegou pensando no trabalho, nas atividades programadas para o dia ou em algum problema, em vez de prestar atenção na perfeição do cenário a sua frente?

– Claro.

– Pois é, isso aconteceu porque era sua mente que estava conduzindo o espetáculo. *A mente é um excelente servo, mas um mestre tirânico.* A mente é uma ferramenta esplêndida, que deve ser usada, por exemplo, para planejar, refletir com paciência e aprender com os erros do passado, para que eles não se repitam. A mente o ajudará a ganhar conhecimento e receber educação dos ensinamentos da vida. Mas ela não pode conduzir o espetáculo, como acontece com a maioria das pessoas. Atinja um equilíbrio entre viver com a mente e operar com o coração, como eu lhe disse ontem à noite. Essa é aquela importantíssima harmonia ou parceria entre cabeça e coração. O coração quer que você aceite aquela dádiva do pôr do sol. O coração sabe que a vida é vivida no momento presente.

Julian ficou em silêncio. Do Lotus Loft, tinha-se uma vista magnífica de toda a cidade. Uma importante revista de turismo disse que era um dos melhores quartos de hotel no mundo.

– E quanto ao carro? – perguntei, lembrando-me da Ferrari lá embaixo. – Eu soube que você chegou aqui nele hoje de manhã. Você não dorme?

– Claro que durmo. Um bom descanso é essencial para o corpo. Mas não durmo tanto como a maioria das pessoas. A vida é curta, e eu não perco tempo. Posso morrer amanhã, quem sabe? Por isso, vivo cada dia completamente. A vida é muito divertida para perder alguma coisa dela. Tenho um chamado a atender e um legado para deixar. Ganhei alguns presentes maravilhosos e tenho uma missão a cumprir, e rezo para que ela ajude muitas pessoas a viver uma vida mais rica. *Quando você se conectar a um propósito maior e a um objetivo primordial em sua vida, haverá uma correspondente liberação de paixão e energia nela. O segredo para gerar níveis extraordinários de paixão na vida é descobrir seu propósito maior.* Ao ouvir e atender seu chamado, você se anima. E, quanto mais animação você sentir por esse chamado e por sua vida, de um modo geral, menos vai precisar ou querer dormir. A maioria das pessoas usa o sono como uma droga, para se distrair e passar o tempo. Quando elas começam a ter uma vida que é incoerente com o melhor de si e com suas maiores possibilidades, um poço de dor começa a se formar dentro delas. A maioria das pessoas não tem consciência disso. É algo que acontece em nível subconsciente, mas não significa que não esteja lá, afetando-as a cada momento, em toda escolha e em todo plano. Por isso, muitos de nós usamos o sono para evitar a dor.

– Essa é uma perspectiva interessante, Julian. Nunca pensei nisso antes. Sempre achei que a dor fosse uma coisa mais evidente – admiti.

Julian assentiu com a cabeça e depois continuou:

– Mas veja as pessoas que descobriram uma causa pela qual deram a vida, indivíduos como Benjamin Franklin, Mahatma Gandhi, Martin Luther King Jr., Madre Teresa e Nelson Mandela. Eles se ligaram a uma espécie de cruzada que a vida deles deveria representar. E nela se envolveram com o coração. Com isso, ficaram emocionalmente carregados para fazer o que faziam. *E, quando você desenvolve algum engajamento emocional com uma meta, em vez de um mero envolvimento intelectual, a animação flui e a energia explode.* Essa é a grande ideia na qual você deve refletir agora, meu amigo. Ligue-se com o coração a uma causa premente, mas não com a cabeça. Depois aperte o cinto de segurança, pois sua vida vai decolar.

– Preciso abandonar o mundo dos negócios e minha ocupação atual para encontrar essa causa que minha vida deve representar? As pessoas que você menciona eram lutadores pela liberdade e ativistas sociais. Sem ofensa, Julian, mas esse tipo de coisa não tem a ver *comigo*.

– Muito bem lembrado. Claro que você pode encontrar sua causa, sua cruzada, exatamente onde você está. Ninguém tem de abandonar uma ocupação para encontrar algo com que possa se envolver com o coração e se animar. Geralmente, basta ver as coisas sob um prisma diferente. Por exemplo, você, como dono desses hotéis, pode fazer uma diferença profunda na vida de muita gente. Isso, sim, é uma coisa que anima.

– Posso, é?

– Claro. Todas as pessoas que trabalham para você passam mais tempo no trabalho que em casa. Elas deixam a família todas as manhãs e vêm para cá ajudar você a construir seu sonho. Pense nisto: elas lhe dão as melhores horas da vida delas. Então, em troca desse presente, que tal se, por meio de seus esforços, você fizer de tudo para criar um ambiente de trabalho onde seja seguro ser uma pessoa humana novamente? Imagine como seria para seus empregados se estar no trabalho fosse para eles uma alegria e lá fosse um lugar onde pudessem crescer, aprender e deixar a criatividade natural se manifestar. Que tal se uma prioridade sua fosse tornar o trabalho agradável para eles, moldando a cultura em um lugar onde os valores nobres fossem a norma? Você pode criar esse tipo de cultura no trabalho em cada um de seus magníficos hotéis, se realmente quiser. Só precisa de tempo, esforço e um pouco de inovação. Estive em Londres recentemente e fiquei no St. Martin's Lane, de Ian Schrager. Esse hotel é o exemplo ideal de um lugar em que as pessoas estão se divertindo, inovando e amando o trabalho que fazem. E eu lhe digo: a paixão delas é contagiante. Gostei muito de ficar lá. Lembre-se de que *as pessoas adoram fazer negócios com quem adora fazer negócios.*

– Sim, é verdade – concordei.

– Imagine como você se sentirá energizado sabendo que está criando um lugar especial para seres humanos trabalharem e fazerem negócios. E, se você realizar algumas mudanças de percepção, poderá não só descobrir essa causa servindo às pessoas que trabalham para você, mas também gerar uma enorme quantidade de animação e envolvimento emocional ao pensar em tudo que pode fazer para cada cliente que chegar. Com seus esforços e os esforços de seu pessoal, você pode criar lindas lembranças. Você pode fazer as pessoas rirem e se sentirem bem. Muitas estão em férias, e você pode dar grande alegria à vida delas, se oferecer o que tem de melhor. Imagine acordar toda manhã e dedicar-se a criar "experiências inesquecíveis" para seus clientes. Isso o animaria?

– Com certeza. Estou me sentindo tão inspirado e animado só de pensar nessa oportunidade! E, quanto mais me aprofundo nesse tipo de compromisso, mais vejo que meus níveis de animação crescem. Agora entendo por que você dorme menos que a maioria das pessoas: você está ligado e comprometido com um propósito especial. É evidente que sua "causa", como você diz, o alimenta e energiza.

– Sim, Dar. Ela me dá esperança e *muita* energia. *Uma causa para defender, seja ela a criação de incríveis experiências para seus clientes e funcionários ou algo capaz de salvar o mundo, libera energia.* Lembre-se disto: quando você se liga ao objetivo primordial que ativa o que há de melhor e mais nobre em você, sua melhor parte sente que você está vivendo a vida de forma digna. Seu coração começa a se abrir e bater como nunca. Entenda, meu amigo, que o intelecto, embora útil para planejar, refletir e aprender, é limitante. A tagarelice mental que enche a mente das pessoas tem mais a ver com o porquê de não fazermos algo e com as consequências adversas do fracasso. A mente costuma nos deixar pequenos. *O coração e as emoções são os libertadores. Eles nos fazem marchar em frente e alcançar nossa grandeza. Criam a animação e a paixão e convidam nosso eu maior a se manifestar.*

– Vejo perfeitamente o valor do que você está me passando. Penso que a descoberta de uma causa ou cruzada mantém as pessoas vivas também durante os momentos de crises.

– Visão brilhante! – exclamou Julian. – Puxa, você é um aluno fantástico, Dar, um dos melhores que já tive. – Ele deu alguns passos e parou para cheirar uma rosa que fora colocada em um vaso simples de prata. – Leonardo da Vinci estava certíssimo quando comentou: "Fixe seu curso a uma estrela e você poderá navegar em meio a qualquer tempestade". Quando você descobrir seu objetivo primordial na vida, essa missão central de que estou falando, ele servirá como uma estrela-guia para você, orientando-o tanto em tempo ruim quanto em tempo bom.

Julian fez uma pausa e passou a mão bronzeada nos cabelos. Então continuou:

– Desculpe-me por sair pela tangente ao responder por que durmo menos, mas sei que você entende que o que compartilhei com você agora é extremamente importante para a criação de sua melhor vida. Encontre sua causa, então faça seu trabalho com orgulho e amor. O amor é uma força incrível para o bem.

Faça isso com dedicação à excelência. O mundo o recompensará de maneiras inimagináveis.

– Orgulho, amor e dedicação à excelência: adorei esses termos.

– O orgulho *positivo* é um elemento muito importante na criação de uma vida bela. Mahatma Gandhi disse certa vez: "Por mais insignificante que seja algo que você tem de fazer, faça do melhor jeito possível, dê tanto cuidado e atenção quanto daria à coisa que você considera mais importante. Pois será por essas pequenas coisas que você será julgado". Veja a sequência, Dar: quando você se dedica à excelência em *tudo* que faz, desde seu papel de líder aqui no trabalho até o de pai na vida pessoal, começa a ter uma sensação maior de orgulho positivo pelo modo como está vivendo seus dias. Isso, por sua vez, aumenta o autorrespeito e a confiança, que liberam maior energia e paixão. Essa "luxúria pela vida" de que eu falava antes começa a se manifestar. Você passa a se sentir bem consigo mesmo. As pessoas que se sentem bem consigo mesmas fazem um excelente trabalho e criam coisas grandiosas, o que, por sua vez, as faz elevar ainda mais seus padrões de excelência. É uma espiral ascendente que leva as pessoas a lugares cada vez maiores de alegria, significado e paz interior.

– Essas palavras realmente me inspiram, Julian – eu disse, enquanto me sentava no fino sofá de marca, perto da grande janela. – Agora, deixe-me fazer uma pergunta: será que cada um de nós tem um chamado *específico*, que é nosso dever descobrir e seguir, se quisermos viver uma vida autêntica?

– Grande pergunta, meu amigo. Ninguém sabe a resposta, sabe? Muita gente, porém, finge saber, como você pode ler em todos esses livros por aí, nos quais os autores escrevem como se tivessem uma ligação direta com a fonte de toda a criação. A menos que você seja iluminado, não pode saber a resposta. O máximo que consegue fazer é descobrir um modo de compreender como a vida funciona que pareça certo para você. Pessoalmente, passei a crer que existe um plano geral que foi escrito para nossa vida antes mesmo de nascermos. Chame-o de sina, se quiser. Além disso, acredito também que cada um de nós tem uma *incrível* quantidade de chances de escolher o modo como nossa vida se desenrolará, e é por meio dessas escolhas específicas que, no fim das contas, nosso destino é criado. É quase como se um desenho ou um esboço de nossa vida fosse feito para nós por aquele sábio arquiteto no céu, deixando por nossa conta trabalhar os detalhes. Preciso repetir isto: temos grande poder de escolha quanto ao caminho que nossa vida seguirá. Podemos ter a vida que sonhamos, em muitos sentidos. Não há dúvida de que nós, seres humanos, não podemos controlar tudo que nos acontece; essa é a parte do destino. A vida segue um curso próprio. Mas temos enorme controle sobre o modo como respondemos ao que a vida coloca em nosso caminho. *Esta é nossa parceria: faça o melhor de si, o melhor que você puder em todas as dimensões de sua vida, e então deixe que a vida cuide do resto. Há realmente um equilíbrio delicado entre fazer acontecer e deixar acontecer.* Nós podemos, de fato, criar muitas vezes nossa própria sorte, e coisas boas geralmente acontecem a pessoas que fazem coisas boas. A vida não acontece de acordo com uma programação predeterminada, sem que você faça a menor diferença. Essa ideia é absurda, um mito inventado por pessoas que têm medo de assumir responsabilidade pela conduta da própria vida. *Mas, tendo feito e dado o melhor de si, relaxe e confie que tudo que vier será perfeitamente apropriado para o crescimento que o levará a evoluir até seu eu maior.*

– Que, pelo que você sugere, é o verdadeiro propósito da vida, não é, Julian?

– Sim. Acredito que o propósito da vida é crescermos e nos lembrarmos de nós mesmos. Crescermos e nos lembrarmos das brilhantes criaturas que éramos a princípio, no instante em que nascemos, antes de nos engolfarmos em todo o lixo do mundo a nossa volta, que comprometeu nossa perfeição, antes de ficarmos estragados e adormecidos para a verdade de quem somos e das coisas belas e audaciosas que somos destinados a fazer.

– Eu ainda não estou muito certo se temos um chamado ou destino *específico*, Julian. Sei que essa é uma área complicada e uma pergunta difícil, mas é importante para mim. Há um trabalho específico que devo realizar? Há uma mulher específica, uma alma gêmea, que devo encontrar? Você pode me explicar um pouco melhor esses pontos?

– Você tem razão, são perguntas muito desafiadoras. Que bom que você as fez – disse Julian, visivelmente animado. Ele se aproximou de mim e me deu um tapinha nas costas, enquanto sorria. – Em primeiro lugar, deixe-me sugerir novamente que, em muitos sentidos, não há respostas às suas perguntas. Você está tentando compreender algo que não é compreensível em um nível humano, com nossa percepção limitada. Mas o fato de você fazer essas perguntas significa que está indo fundo e procurando uma filosofia de vida que lhe sirva. Enquanto uma parte de mim quer dizer que esses são os mistérios da vida, outra parte quer lhe dizer que tenho um palpite sobre as respostas que você procura. E entenda, por favor, que os sábios que conheci na Índia eram almas iluminadas que descobriram muitas das verdades que o ser humano comum ainda não conseguiu acessar; muito do que eu lhe falo vem de uma fonte bastante confiável.

– Entendo – eu disse, sentindo-me um pouco impaciente, ávido por ouvir uma série de segredos pouco revelados que mudariam para sempre meu modo de ver as coisas.

– Acredito que as coisas funcionam da seguinte maneira: muitos caminhos possíveis para nossa melhor vida foram escritos para nós. Há muitas portas de entrada na mansão da glória. Assim como há vários caminhos para você ir do trabalho para casa, também há muitos que você pode seguir até sua melhor vida, a vida que é verdadeiramente sua. Chegar lá é quase como ir para casa. Há muitas ocupações que você pode ter que o levarão a seu destino. Do mesmo modo, há muitas almas gêmeas disponíveis, cada uma oferecendo diferentes lições, mas todas capazes de ajudá-lo a crescer e despertar seu eu maior. Encontrar seu eu superior e sua melhor vida é o principal propósito da vida. Ir para casa, para o lugar de fulgor, amor e intrepidez que você esqueceu é a razão de sua existência. Cabe a você, porém, escolher o caminho e tentar viver sua vida autêntica. Nenhum caminho é melhor que o outro, todos são apenas diferentes. Determinado caminho pode exigir uma viagem um pouco mais longa, assim como outra rota específica para casa pode fazer com que você percorra uma distância um pouco maior e passe por terrenos mais acidentados. Outro ainda pode ser como uma via expressa para seu destino, com uma pista plana e sob céus azuis sem nuvens. Só depende de você. Tudo é, em grande parte, determinado pelas escolhas que você faz em cada momento de seu dia a dia. *Você coescreve o* script *da história de sua vida, meu amigo.*

– Certo, Julian, então agora eu pergunto: como fazemos para pegar essa via expressa até o lugar onde deveríamos estar, de acordo com esse esboço e plano geral que é traçado para nossa vida?

– *Apenas fazendo o bem e sendo bom* – foi a resposta direta. – Este nosso mundo é regido de acordo com uma série de leis naturais imutáveis, criadas pela mesma força da natureza que construiu o mundo e enviou você a este lugar. Você não pode jogar futebol, por exemplo, sem saber as regras. Bem, a vida é como um jogo. E para jogar, e ganhar, é essencial aprender as regras. Viva de acordo com elas, e sua vida dará certo. O universo quer que você vença, sabia disso? Você só precisa sair um pouco de seus modos e compreender as regras do jogo o mais rápido possível. Para aprender as regras do jogo, é preciso se esforçar, pensar profundamente, em lugares silenciosos, e ter uma genuína disposição para ser filósofo.

– Para ser filósofo?

– Claro. A definição de "filosofia" é "amor pela sabedoria". Todas as pessoas, se quiserem andar pela trilha de seu destino e encontrar sua melhor vida, devem desenvolver um gosto pela sabedoria e uma fome de compreender o que é a vida. Este mundo seria um lugar muito melhor se nós todos começássemos a nos ver como filósofos, com perspicácia e graça, estando no processo de desenvolver uma vida mais agradável e significativa. Enfim, voltando às leis naturais eternas, conduza suas ações diárias de acordo com essas leis e você automaticamente pegará a via expressa até sua maior e melhor vida. Desconsidere-as e você pegará o caminho mais longo para casa.

– Afinal, quais são essas leis naturais? – perguntei, ansioso por saber mais.

– São as leis que governam o funcionamento do mundo desde que ele começou. São princípios essenciais, tais como "sempre ajude os outros a obter o que eles querem, enquanto você obtém o que quer", "tenha uma integridade impecável", "viva no momento presente", "seja a pessoa mais bondosa que você conhece", "dê o melhor de si e seja excelente em tudo que faz", "seja verdadeiro para consigo mesmo" e "sonhe audaciosamente". A maioria de nós as conhece, mas somos poucos os que vivemos de acordo com elas. É como disse Voltaire, uma vez: "O senso comum é tudo menos comum".

– É verdade, Julian. Hoje em dia, parece que, se uma coisa não é complexa e sofisticada, nós lhe damos pouco valor. Entretanto, a maioria das verdades é simples, não é?

– Se não fosse simples, não seria uma verdade – respondeu Julian, sabiamente.

– Você diz: "Conduza suas ações diárias de acordo com essas leis e você automaticamente pegará a via expressa até sua maior e melhor vida. Desconsidere-as e você pegará o caminho mais longo para casa". Você está dizendo que as pessoas que se deparam com dor e sofrimento na jornada da vida (e quem não tem alguma dificuldade no caminho?) violaram uma lei natural que as tirou da via expressa e colocou numa estradinha mais lenta e tortuosa?

– Olhe, Dar, como você mesmo disse, toda pessoa no planeta terá bons e maus momentos, ainda que viva como um santo. Eventos dolorosos acontecem para nos ajudar a aprender as lições de que precisamos naquele ponto do percurso. As experiências tristes chegam para ajudar a nos curar, nos aprofundar e nos tornar mais filosóficos. Ninguém pode evitar essas experiências, porque ninguém é perfeito. Portanto, sendo imperfeitos, mesmo que tenhamos uma vida nobre, bondosa e corajosa, ainda temos muitas lições para aprender, certo?

– Faz sentido – eu disse com um sorriso, brincando com as palavras de Julian.

– Assim, mesmo os mais despertos entre nós ainda enfrentam dor e sofrimento, porque essas experiências acontecem para nos oferecer as lições específicas necessárias para seguirmos ao nível seguinte de compreensão e evolução. "Não existem erros nem coincidências. Todos os eventos são bênçãos com as quais podemos aprender", disse Elisabeth Kübler-Ross. Você vê agora por que a dor e o sofrimento são ao mesmo tempo maravilhosos e necessários?

– Sim.

– Um sábio definiu isso de maneira brilhante, quando disse que reconhecia a vida como um rio, com duas margens. Em uma margem encontramos a felicidade e, em outra, a tristeza. Enquanto nos movemos pelo rio, inevitavelmente roçaremos ambas. O verdadeiro truque é não ficarmos presos em uma delas por muito tempo.

– Muito bom. Gostei bastante dessa metáfora, Julian. Ou seja, ninguém tem uma vida sem problemas e tristezas, porque essas coisas vêm para nos ensinar lições, e cada um de nós, por mais evoluído que seja, tem lições para aprender.

– Isso mesmo. As únicas pessoas sem problemas e adversidade são as que estão enterradas. Viver é enfrentar problemas, dor e sofrimento. Essas coisas são veículos para o crescimento, a expansão e o aprendizado por toda a vida. As provações da vida nada mais são que oportunidades para colhermos sabedoria e plataformas para nos lembrarmos mais de nosso poder autêntico, se quisermos. Mas não nos esqueçamos de que toda vida tem sua cota de triunfos e momentos lindos, também. Nenhuma dificuldade dura. Nenhum contratempo é para sempre. Nenhuma amargura é eterna. Pode parecer que essas coisas nunca terminarão, enquanto as sentimos, mas não é verdade. A vida tem suas estações, seus capítulos, por assim dizer. E os momentos duros são aqueles que, no fim, nos moldam em alguma coisa melhor. O ponto importante para lembrarmos, porém, é que, *se prestarmos atenção nessas leis naturais de que estou falando e vivermos a vida respeitando-as profundamente, passaremos muito mais tempo na via expressa do que naqueles desvios que são cheios de desafios e dor. Assim podemos, com certeza, minimizar a quantidade de sofrimento.*

– Então, se o sofrimento vem para nos ensinar lições que precisamos aprender, tais como "ser uma pessoa melhor" ou "parar de subestimar a vida", se compreendermos essas verdades ou "leis", como você as chama, não precisaremos aprendê-las de maneira dolorosa. Teremos menos sofrimento na vida, porque o sofrimento só acontece quando estamos em desacordo com as leis que governam o mundo. Portanto, *podemos* ter uma influência marcante no desenvolvimento de nossa vida.

– Excelente, Dar! – exclamou Julian, erguendo o punho no ar, de felicidade. – Mas lembre-se: mesmo assim você pode experimentar alguma dificuldade, porque, sendo imperfeitos, nós sempre teremos lições para aprender, e às vezes essas lições chegam de uma maneira que dói. É assim que acontece. Mas, sim, podemos reduzir o sofrimento em nossa vida assumindo absoluta responsabilidade por nós mesmos e fazendo escolhas sábias no dia a dia. Assim, moldaremos nosso destino e teremos o poder de viver uma vida muito mais feliz.

– Ah! – Julian exclamou, enquanto caminhava até o *CD player* e começava a olhar as capas de CDs em cima do aparelho. – *O universo não ignora os anseios de seu coração.* A parte do plano que foi escrita para você jamais o colocaria numa situação de ter de fazer algo que lhe fosse errado. A ideia é você ser feliz. Seu destino nunca o levará a fazer algo que o faça se sentir infeliz. Se você adora fazer negócios, o plano para você provavelmente não vai girar em torno de uma carreira de médico ou ator. Se uma pessoa gosta de escrever, se o coração dela voa quando ela está sozinha na frente de um computador, escrevendo com grande convicção e paixão, como se nada mais no mundo importasse, o propósito de sua alma não será que ela se torne vendedora. *O universo quer mesmo que você vença. O plano é que você seja muito feliz.*

Julian me mostrou alguns CDs que ele colecionava, como uma criança que gosta de mostrar seus brinquedos a um bom amigo. Havia *Parts of the Process*, do Morcheeba, *A Rush of Blood to the Head*, do Coldplay, um dos mais vendidos do Bon Jovi e dois que eu nunca tinha visto: um de um grupo chamado Our Lady Peace, cujo título era *Gravity*, e outro de Lloyd Cole, *The Negatives.*

– Um gosto musical bastante eclético, Julian. Você deve ser o monge mais moderno do planeta.

Ele riu. Todo o rosto pareceu se iluminar.

– É como eu lhe disse, Dar: a música faz minha alma cantar. É um dos prazeres mais doces de minha vida. Passo muito tempo em lojas de música e livrarias. Música e livros – dois dos meus maiores prazeres.

Na cama desarrumada de Julian se encontravam três livros que pareciam desgastados de tanto ser lidos: *Meditações*, de Marco Aurélio; *O maior vendedor do mundo*, de Og Mandino; e aquele com o curioso título de *The Saint, the Surfer and the CEO* – os títulos que alguns desses autores inventavam sempre me surpreendiam! Ele tinha poucas roupas no quarto. Sua mochila estava num canto. Não havia dúvida de que Julian vivia de maneira simples.

Ele havia separado um *short* cáqui, uma camiseta branca e um par de sandálias. Vi que havia comprado as sandálias na loja The Gap. Ficava cada vez mais claro para mim que, embora Julian tivesse poucos bens materiais e vivesse de modo frugal, ele não era um daqueles espiritualistas que baniam o mundo real, achando que o único caminho para a iluminação era tornar-se um asceta. Ele não tinha o menor embaraço por seu amor pelos prazeres que este mundo tem para oferecer. Sua filosofia geral, para mim, parecia ser muito equilibrada. Equilíbrio entre cabeça e coração. Equilíbrio entre ir atrás das coisas, fazendo com que elas aconteçam, e deixá-las acontecer, confiando no plano superior. Equilíbrio entre a percepção de que o propósito da vida é retornar ao nosso eu espiritual e a compreensão de que somos seres humanos com várias imperfeições, residindo num mundo com muitos prazeres deliciosos que podem – e devem – ser saboreados sem culpa. *Por fim, parecia-me que Julian acreditava que a chave de ouro para uma vida bela era equilibrar o céu e a terra. E isso combinava comigo.*

Julian pegou o livro de Og Mandino e apontou para uma linha que fora marcada com tinta amarela.

– Olhe! Leia esta joia de verdade, amigo.

A linha era simples, como aprendi que são todas as verdades. Ela dizia: "Não estou nesta terra por acaso. Estou aqui por um propósito, e esse propósito é crescer como uma montanha, e não encolher como um grão de areia".

– Obrigado, Julian – eu disse, delicadamente. – Obrigado por salvar minha vida.

4

O buscador aprende sobre o crime da autotraição e como se livrar das correntes

Acalente suas visões; acalente seus ideais; acalente a música que toca em seu coração, a beleza que se forma em sua mente, a amabilidade que reveste seus mais belos pensamentos, pois de tudo isso crescerão todas as encantadoras condições, todos os celestiais ambientes. Se em tudo isso você permanecer verdadeiro, seu mundo finalmente será construído.

– James Allen, As You Think

Como você pode hesitar? Arrisque! Arrisque qualquer coisa! Não se preocupe mais com a opinião dos outros, com as vozes deles. Faça a coisa mais difícil do mundo. Aja por si mesmo. Encare a verdade.

– Katherine Mansfield

Julian sabia que eu estava mergulhado em pensamentos e me deixou sozinho por alguns momentos, como que para me permitir processar tudo que me oferecera. Enquanto ele foi ao banheiro, fiquei ponderando como eu vinha conduzindo minha vida todos aqueles anos. Eu o ouvia cantar enquanto a água corria da torneira. Um forte sentimento de arrependimento começou a crescer dentro de mim, enquanto eu refletia nos vários erros do passado. Em vez de aproveitar esses erros como alimento para a evolução e o aprendizado, eu fechara os olhos para as lições que eles traziam, caminhando pela vida cego à oportunidade de crescimento e cheio de autocomiseração. Sentia-me triste por não ter conhecido a filosofia de Julian quando eu era mais jovem e por não ter vivido uma vida mais intimamente alinhada às leis naturais de que ele falava. Tantos anos preciosos tinham-se passado, anos em que eu podia ter seguido o caminho para minha melhor e mais verdadeira vida, em vez de ter desperdiçado os talentos e dons que recebera tentando corresponder às expectativas dos outros. Eu havia sido engolido pela multidão e quase a deixara me destruir.

Quando Julian voltou, colocou o braço a minha volta. Sabia o que estava se passando comigo.

– "O perdão é fruto da compreensão", dizia o sábio monge Thich Nhat Hanh. Você está exatamente onde deveria estar em seu caminho. À medida que essa compreensão (e sua percepção de como a vida se desenrola) crescer, uma linda sensação de autoperdão aparecerá em você. Você é rígido demais consigo mesmo – Julian disse com delicadeza, surpreendendo-me pela profundidade de seu poder intuitivo.

Ele me conduziu pela porta até o corredor. Havia belas obras de arte nas paredes, e uma música ambiente soava discretamente, saindo de alto-falantes escondidos. Parecia que a maioria dos hóspedes ainda estava dormindo.

– Fale-me mais, Julian – eu disse, recompondo-me e sentindo-me pronto para ouvir mais da profunda sabedoria que meu brilhante e inortodoxo treinador tinha para me passar.

– Muito bem, amigo – ele respondeu, enquanto caminhávamos até o elevador. – Uma pessoa que joga seu melhor jogo como ser humano, isto é, vive de acordo com seu maior potencial e segue o caminho de sua autêntica missão, é uma pessoa que ama a si mesma. *Viver uma vida excelente é uma manifestação de amor por si próprio.*

– Nunca pensei nisso – eu disse.

– Aquele que conduz sua vida como se fosse uma das melhores pessoas no planeta, um verdadeiro peso pesado, é alguém que tem não só enorme respeito por si próprio, mas também um respeito profundo pela força da natureza que o criou. Muito se fala hoje em dia sobre "viver o momento" e "saborear o agora". Não me entenda mal, esse tipo de coisa é *essencial* para vivermos bem. Acredito nisso e o defendo totalmente. Você mesmo me ouviu falar dessas coisas no pouco tempo em que nos conhecemos. *Mas é tudo um equilíbrio*, e não há nada de errado em também arrumar tempo para alcançar as estrelas e deixar os talentos dentro de você brilharem de maneira grandiosa. *Na verdade, quando você estabelece metas grandiosas e acalenta grandes sonhos, envolve-se em um ato imensamente criativo. Usa a imaginação e suas habilidades para construir algo maravilhoso. Isso é criatividade em ação.*

– Bela visão. Nunca pensei de fato que ir atrás de minhas metas mais significativas fosse um ato criativo. Mas é, não é? É um ato que nos leva a criar alguma coisa de nada mais que uma ideia inicial. Montar um novo negócio, lançar um novo produto ou ir atrás de uma verdadeira paixão não é diferente do que um artista faz quando transforma a visão em sua mente em uma linda obra de arte.

– Sim. E, quando criamos a vida de nossos sonhos, adivinhe em quem nos espelhamos.

– Não tenho ideia.

– Nós nos modelamos na força infinitamente poderosa que criou todo o mundo. Chame essa força de "Deus", "universo" ou "natureza"; o rótulo é apenas uma palavra, e eu não me prendo a rótulos. A questão é que, quando você vai atrás do que quer, com amor e verdadeira entrega, aciona a energia que criou as estrelas e os mares. Uma espécie de magia começa a entrar em sua vida e acontecem coisas que desafiam sua compreensão. Sinais começam a aparecer, sugerindo que você está na pista certa. Você está indo de carro para casa e passa por dez sinais verdes seguidos, exatamente quando está imaginando se a pessoa que você teve a coragem de convidar para sair é a pessoa certa para você. Ou a pessoa certa lhe telefona no momento certo, ajudando-o a decidir se o emprego em que está pensando é a melhor opção para você. Ou a solução ideal para um problema difícil aparece em um livro que você pegou por acaso, enquanto aguardava na sala de espera do dentista, quando ia fazer uma limpeza nos dentes. Aí é que entra em cena a velha expressão: *"A sincronicidade é a maneira de Deus permanecer anônimo"*.

– Uau, essa é muito boa, Julian!

– E eu não sei? – ele comentou com uma doce convicção, enquanto saíamos do elevador e chegávamos ao saguão iluminado. O sol entrava pelas janelas, que se estendiam do piso ao teto, e as gérberas davam ao lugar um aspecto magnífico. Eu tinha orgulho daquele hotel e do que ele representava. Sentia-me bem com o que eu havia criado ali.

– Quando você dá o melhor de si e se dedica à excelência, o universo o apoia e produz vento para suas asas. Ele vê um ser humano que está buscando seus ideais e tentando se tornar aquilo que nasceu para ser. Esse esforço nunca passa despercebido pelos olhos que zelam pelo mundo. Agora, lembre-se de que nem tudo acontecerá do jeito que você quer. Há uma inteligência superior em ação, cuja lógica não conseguimos entender. Mas, se você continuar dando o melhor de si e deixando a vida cuidar do resto, aceitando o que vier com a consciência de que é para seu bem maior, a vida se desenrolará de forma maravilhosa. Melhor do que você espera.

Enquanto eu me permitia absorver aquele *insight* que Julian me passava, ele se acomodou no chão e começou a fazer algumas manobras estranhas. A equipe na recepção começou a olhar e depois rir. Maria parecia em transe. Julian corria uma maratona própria, com certeza. Nem ligava para o que os outros pensavam dele. Era evidente que continuaria fazendo aquilo enquanto tivesse sentido para ele. Julian vivia a vida a seu modo. E, como ele me havia ensinado, aquele era o *real* significado do sucesso.

– Estou fazendo a postura do cachorro que olha para baixo. Ioga é uma de minhas práticas diárias para me manter energizado e em boa condição física. Você devia experimentar. Essa prática existe há milhares de anos por um motivo: funciona. Ora, se Madonna e Sting dão testemunho dela, não pode ser ruim, pode? – ele concluiu, com um sorriso, enquanto se focava na postura, com os músculos ondulando enquanto se mexia com graça.

Depois de ficar naquela pose por alguns momentos, ele se levantou e continuou a falar:

– De volta a nossa questão. Muitos espiritualistas no mundo de hoje sofrem de uma doença que chamo de "apatia espiritual". Eles não deixam você ir atrás de seus sonhos nem jogar alto demais, dizendo que isso é um modo de controlar seu destino e forçar resultados. Que bobagem! – Julian completou, agitando os braços no ar, com uma ênfase dramática.

E prosseguiu:

– Sim, como espero ter deixado claro, aqueles que vivem sua melhor vida, a vida que o destino desejou para eles, conseguiram atingir um delicado equilíbrio entre fazer as coisas acontecer e *deixá-las* acontecer. Concordo que tentar com *muito* afinco nada mais é que empurrar o curso do rio e forçar resultados. Mas muitos buscadores espirituais parecem crer que o empenho, a disciplina e a busca por aquilo que você quer são algo insalubre e não espiritual. Nada poderia ser mais falso. Estipular metas, administrar bem o tempo e correr riscos calculados para obter o que você quer são passos *muito espirituais*, porque neles você aplica em uma causa digna os talentos e o poder que lhe foram conferidos. As pessoas que não acreditam nisso devem estar no outro extremo dos *workaholics* deste mundo, mas as visões delas são extremas e desequilibradas. Para mim, qualquer forma de extremismo é insalubre.

– É possível uma pessoa ser espiritual *demais*?

– Claro. Ficar no quarto e meditar ou rezar o dia todo pela vida de seus sonhos não vai lhe trazer a vida de seus sonhos, e, se você achar que vai, estará apenas empregando o pensamento mágico. É uma ilusão. Eu lhe disse que acredito existir um plano esboçado para o nosso destino antes de nascermos neste mundo. Os seres humanos receberam o dom do livre-arbítrio por uma razão: *para dar os passos necessários à realização de nosso destino na vida.* Há muitos espaços vazios, e nós temos o poder de preenchê-los e unir os pontos. Você precisa se esforçar e fazer os sacrifícios necessários para viver a vida de seus sonhos. Deve ser disciplinado e fazer sábias escolhas. As ações têm consequências, e, para colher os frutos com que você sonha, precisa antes plantar as sementes. Essa é outra lei da natureza. Se você não acredita em mim, converse com qualquer fazendeiro bem-sucedido. Ele lhe dirá que nada cresce em seus campos sem bastante trabalho e uma boa semeadura. Se ele apenas ficasse sentado o dia todo, meditando e rezando, perderia a fazenda.

– Concordo! – eu disse. – Não consigo imaginar que meu destino venha bater a minha porta se eu não fizer nada para atraí-lo. Pensando nisso, acho que você está certo, Julian: nós não receberíamos nenhum poder pessoal, como seres humanos, se não pudéssemos exercê-lo.

Saímos do hotel e começamos a respirar o ar fresco da manhã.

– É isso mesmo, Dar. Todo dom que recebemos (e todos nós temos dons) nos foi dado por uma razão. Com cada dom recebido vem a responsabilidade de o esculpirmos e desenvolvermos, para depois aplicá-lo no mundo de maneira que enriqueça a vida das outras pessoas. Aqueles que não estão dispostos a ter uma intenção para tudo que querem da vida e, depois, *corajosamente* ir atrás dela são pessoas que, no fim das contas, têm muito medo dentro de si. Elas são apavoradas. Têm problemas que precisam ser resolvidos e sombras que precisam ser examinadas.

– Elas têm medo de quê, Julian?

– Medo do fracasso, medo do sucesso, medo do desconhecido, medo da rejeição, medo de ser diferentes, medo de não ser boas o suficiente... e assim por diante. Qualquer um que não esteja dando o melhor de si, nem se esforçando para jogar seu melhor jogo ou vivendo num alto padrão de excelência é, no fundo, uma pessoa com grande medo dentro de si, que precisa ser curado. Mas deixe-me ser claro: não há uma alma no planeta que não tenha algum medo que a impeça de viver seu maior potencial. De novo, a própria condição de ser humano é de imperfeição, e grande parte dessa imperfeição brota dos medos que acumulamos quando abandonamos a perfeição de nossa natureza original e saímos pelo mundo.

– Então toda essa conversa de tanta gente hoje em dia sobre "esquecer os resultados" e "centrar-se no presente" mostra medo, certo?

– Não é bem isso, Dar. Na teoria, a filosofia está certa, mas *o modo como as pessoas a executam* está errado. Lembre-se da frase que estou lhe ensinando: *faça o melhor de si e deixe a vida cuidar do resto*. Vá atrás de seus sonhos. Faça o que puder para construir a vida que você quer. Visite os lugares que o assustam e não se afaste da grandeza que, no fundo do coração, você sabe que deve apresentar ao mundo. Quando tiver feito *tudo* a seu alcance, como ser humano, para realizar seus desejos, *só então* se esqueça dos resultados. Depois de ter feito sua parte na equação, dando tudo de si, relaxe e aceite o que vier. Você fez o que podia. Agiu com responsabilidade, deu os melhores passos e fez as melhores escolhas que poderia. Agora, deixe o poder superior assumir o controle e conduzi-lo aonde você deve ir. Deixe a vida levá-lo pelo caminho de seu destino. É nesse ponto que você precisa relaxar e se entregar.

– Legal, estou entendendo. É aquele lance do equilíbrio, de novo. Preciso fazer minha parte, e então a vida, a natureza, a Inteligência Infinita ou Deus, seja qual for o rótulo desse pode superior que está no controle, cuidará do resto. E o que vier, devo compreender que veio por um motivo.

– Veio para seu bem maior e para levá-lo aonde você precisa ir. *Se você deu o melhor de si e viveu em harmonia com as leis da natureza, o que vier será uma bênção, mesmo que a princípio pareça uma maldição.*

– Ideias muito poderosas, Julian. Muito poderosas. Então os tais espiritualistas, com aquele papo sobre desprender-se, viver a vida sem metas e entregar-se ao momento, são indivíduos, na verdade, medrosos. Estão arriscando pouco e deixando que o medo controle sua vida. Estão fora de equilíbrio – comentei, tentando destilar e resumir o que Julian acabara de me ensinar.

– Sim. Para muitos deles, a "espiritualidade" nada mais é que uma máscara que usam para proteger a criancinha assustada dentro deles que está conduzindo o *show*. Eles têm medo de errar, de não ser suficientemente bons ou de que o caminho seja difícil. Por isso, inventam desculpas para se abster da responsabilidade. Eles governam a própria vida de acordo com a posição dos planetas ou com o que algum vidente diz que é o destino. Não me entenda mal, Dar. Aprendi na Índia que a astrologia é uma ciência magnífica, que pode ser muito confiável. Ela é usada com sucesso há milhares de anos. Mas tudo tem a ver com equilíbrio. Deixar sua vida ser *completamente* controlada pela astrologia é jogar o jogo da vítima. Jogar a culpa por meu humor, minha falta de ação e meus erros na forma como os astros estão alinhados é entregar o poder que recebi como ser humano aos planetas, às luas e estrelas. É um jeito fraco de viver. *Lembre-se: você não é seu humor, mas uma força maior que ele. Você não é sua psicologia, mas um poder muito mais sábio que ela.*

– O que você está dizendo, Julian, é que, se uma pessoa não faz o necessário para alcançar a vida desejada, na total extensão de sua capacidade humana, ela está sendo irresponsável por não usar os dons que recebeu.

– É como eu disse no camarim, ontem à noite: "A felicidade é nosso direito inato". Somos programados para fazer coisas extraordinárias com nossa vida e apresentar dons excepcionais ao mundo. Martin Luther King Jr. disse muito bem: "Todos têm o poder para a grandeza; não para a fama, mas para a grandeza". Mas traímos a nós mesmos. Arriscamos pouco e somos tímidos com nossa vida. Entramos no sistema de crença daquelas pessoas a nossa volta que nos ensinam a governar nossa vida. Esse sistema diz: "Não arrisque, não sonhe, não brilhe demais, senão você vai se destacar... e fracassar".

Caminhávamos lá fora, sob a luz do sol de um dia perfeito. A Ferrari atraía olhares de admiração de muitas pessoas que chegavam ao hotel. Era um veículo magnífico e parecia estar em condições imaculadas, embora fosse um modelo mais antigo. Julian sorriu quando olhou para o carro.

– Venha, amigo, vamos passear.

Eu nunca havia entrado numa Ferrari e fiquei maravilhado com todos os aspectos da experiência sensual que aquele carro oferecia. Recostando-me confortavelmente no banco de tons marrons, fechei os olhos e saboreei o delicioso aroma do rico couro italiano. Quando Julian virou a chave, o motor ganhou vida. Ele engatou elegantemente a primeira e saiu do hotel, enquanto os passantes olhavam boquiabertos o carro e seus dois afortunados ocupantes.

Julian estendeu o braço e ligou o soberbo *CD player*, que começou a tocar "Beautiful Day", do U2, enquanto passávamos pelas ruas ainda silenciosas e seguíamos por uma via expressa que nos levaria à zona rural.

– Ei, Julian – eu disse. – Afinal, de quem é esse carro?

– Isso é segredo – ele respondeu, tamborilando ao ritmo da música.

– Pelo menos você pode me dizer aonde estamos indo?

– Às cavernas Camden – Julian respondeu, pisando no acelerador. Seus olhos estavam completamente focados na pista, e o rosto refletia a alegria que ele estava sentindo. Era óbvio que ele adorava dirigir aquele carro.

Eu já ouvira a respeito das cavernas Camden. Eram uma série de cavernas antigas, próximas a uma cachoeira, que os arqueólogos e aventureiros frequentavam e exploravam. Eu não tinha ideia de por que Julian estava me levando lá. E não perguntei.

– Dar, está na hora de eu começar a treinar você para os sete estágios para o autoconhecimento. Ontem à noite e hoje de manhã, tivemos apenas uma prévia. Você está indo muito bem, sei que vai começar a ver resultados poderosos no decorrer das próximas semanas e meses. Vejo em seus olhos que você está comprometido. "Compromisso" é uma palavra grandiosa e muito importante para mim. Viver uma vida com compromisso é uma meta incrivelmente importante. "Compromisso" e "responsabilidade" são palavras que devem inundar a essência de seu ser. Você precisa pensar nelas frequentemente e se dedicar a viver de acordo com elas.

– Prometo que vou levá-las a sério, Julian – eu disse, com sinceridade.

– Os sete estágios para o autoconhecimento são um processo incrivelmente poderoso para você viver sua melhor vida e seguir o caminho de seu destino. Os sete estágios são um método para despertar seu eu maior e manifestar o potencial que lhe foi dado pela força que o enviou ao mundo. Poucas pessoas hoje em dia têm consciência desses sete estágios, mas isso vai mudar logo – complementou Julian, com um ar de mistério. – Os sete estágios refletem o caminho que todos os buscadores devem percorrer para voltar a sua natureza original: o estado de mente, corpo e espírito que experimentaram pela primeira vez quando eram perfeitos e puros.

– E se eu passar por todos os sete estágios, que tipo de pessoa serei? – perguntei, esperançoso.

– Se você passar por todos os sete estágios, meu amigo, chegará a um estado de ser que costuma ser chamado de "iluminado". Pouquíssimas pessoas que agraciaram o planeta com sua presença antes de nós passaram pelo processo inteiro, até o fim, mas isso também vai mudar. O mundo vai mudar quando descobrir esse processo de autoconhecimento que vou lhe transmitir.

– Essa é uma promessa e tanto, Julian.

– Eu sei. E sei também que, embora o sistema que vou compartilhar com você seja simples de entender, o desafio consiste em integrá-lo a sua vida. Agora, por favor, não me entenda mal. Não estou dizendo que é um sistema difícil de seguir. Na verdade, algumas partes dele são incrivelmente fáceis. Só que você precisará se dedicar a aprender o processo e se ater a ele até que ele se torne parte de sua natureza.

– Muito bem, então quais são os sete estágios para o autoconhecimento? – perguntei.

– O estágio 1 é aquele em que a maioria das pessoas do planeta já está. É o estágio de viver uma vida inconsciente, de dormir na direção, por assim dizer. Esse estágio é conhecido como Vivendo uma Mentira, porque as pessoas, nessa plataforma inicial de evolução pessoal, se prendem a uma mentira sobre como o mundo funciona e como elas existem nele. Não estou, de maneira alguma, julgando aqueles que passam a vida toda nesse estágio. Quem sou eu para julgar outro ser humano? Mas estou afirmando um fato quando digo que esse é o nível mais baixo de consciência no qual uma pessoa pode operar, se comparado com os outros estágios. Veja bem, aqueles que estão no estágio 1 não têm uma ligação com a verdade.

– Como assim, Julian?

– Bem, nas próximas semanas vou compartilhar com você muitas verdades sobre como este nosso mundo funciona e o que você precisa fazer para encontrar um sucesso *autêntico* nele. Não ter consciência das verdades é viver uma mentira. Não ter consciência do que é a vida e por que estamos aqui é cair em uma representação errônea. E infelizmente isso é o que acontece com a grande maioria das pessoas no planeta. Como eu lhe disse ontem à noite, isso está mudando rapidamente, e em breve haverá uma mudança radical no nível de consciência da maioria. Você viu o filme *Matrix*?

– Vi, sim. Efeitos especiais muito legais – reconheci.

– Dar, aquele filme é muito mais que bons efeitos especiais. Muitas pessoas só pegaram isso do filme. Para elas, foi apenas mais uma história de ação de Hollywood. Mas, para os buscadores como nós, isto é, para aqueles que procuram respostas a perguntas como "por que estamos aqui?" e "qual é a verdadeira natureza do mundo?", *Matrix* é uma obra-prima filosófica. É um filme muito profundo. Na verdade, atrevo-me a dizer que *Matrix* é o filme mais filosófico já produzido.

– Sério? – perguntei, surpreso com aquela afirmação.

– Certamente. Veja, de acordo com o que Morpheus explica a Neo no filme, todo o nosso mundo, aquele que vemos através dos olhos de nosso atual nível de percepção, nada mais é que uma ilusão. É uma mentira que contamos, e vendemos, a nós mesmos. Tudo que os personagens achavam que era o mundo real acabava se revelando uma alucinação gerada por um computador conhecido como a Matriz, ou *Matrix*. Essa é a parte de ficção científica, a parte hollywoodiana do filme. Este mundo nosso não é uma fantasia gerada por computador, claro. Mas o que você vê como o mundo real, meu amigo, *é* apenas uma ilusão.

– Acho que não o estou acompanhando, Julian. Você está sugerindo que o mundo que vejo não é o que penso que vejo?

– Bem, o modo como você vê o mundo é uma função do modo como aprendeu a vê-lo. Desde a infância, você foi treinado e condicionado para acreditar em determinadas coisas. Por exemplo, você aprendeu a fazer parte da multidão e a se comportar como todas as outras pessoas. Aprendeu a não cantar alto demais quando está feliz e a não ter sonhos muito grandes quando está inspirado. Aprendeu que quem é diferente não seria aceito e que a conformidade levaria ao sucesso. Aprendeu a não falar sua verdade e a não ser amável demais, para que ninguém se aproveitasse de você. Aprendeu que as posses e o poder externo lhe trariam a felicidade eterna.

– Quem me ensinou todas essas crenças?

– Seus pais. Seus professores. Figuras religiosas. Seus amigos. A televisão e a mídia.

– E o que aprendi é falso?

– Bem, há muito mais coisas se passando no mundo do que as pessoas percebem. Deixe-me explicar melhor: você não é quem pensa que é. Você tem muito mais poder interno e potencial do que poderia imaginar em seus mais loucos sonhos. Você é destinado a coisas grandiosas. E muito do que aprendeu a acreditar sobre este nosso mundo enorme e lindo está totalmente errado.

– Como o quê, por exemplo?

– Em primeiro lugar, *todos nós somos ligados em um nível invisível. Somos todos irmãos e irmãs que pertencem à mesma família. É apenas uma ilusão achar que somos separados. Os místicos e os sábios já nos diziam isto há milhares de anos: somos todos feitos do mesmo tecido, e, quando você fere outra pessoa, fere a si mesmo também.* Essa é uma das verdades fundamentais da natureza, e no entanto, com o nível limitado de percepção disponível às pessoas no estágio 1, a maioria não a enxerga. Por isso, vivemos uma mentira. Competimos uns com os outros pelo que acreditamos ser recursos escassos. Não apoiamos uns aos outros. Acumulamos e pegamos tudo, porque vivemos com medo.

– Medo?

– Sim, temos medo de que, se outra pessoa vencer, devemos perder. Temos medo de que não haja abundância e prosperidade suficiente no mundo para todos. Temos medo de que, se ajudarmos outra pessoa, perderemos alguma coisa. Não enxergamos, por trás dessa mentira, a verdade: quanto mais ajudarmos os outros, mais abundância entrará em nossa vida. Uma das verdades atemporais do universo pode ser declarada de modo muito simples: *Quando você troca a compulsão de sobreviver pelo compromisso sincero de servir, sua vida explode em um tremendo sucesso.*

– Palavras poderosas – comentei.

– Portanto, o estágio 1 é o dessa autotraição de que venho falando desde que nos encontramos. Nós nascemos na perfeição, sem medo, infinitamente sábios, com um potencial infinito e num estado de puro amor. E, em nosso medo de não nos encaixarmos na multidão, começamos a esquecer nossa natureza original e adotar as crenças, os valores e comportamentos do mundo a nossa volta. Mas veja a raiva que há em nosso mundo. Ele se perdeu e está, hoje, no estado mais lastimável possível. Há muito medo e ódio no planeta, hoje em dia – Julian concluiu, com tristeza. – É preciso muita força para abandonarmos a multidão e sermos verdadeiros com nossa natureza original. Mas a liderança é isto: abandonar a multidão e ser verdadeiro consigo mesmo. "Você não encontra diamantes em armazéns, sândalos em fileiras, leões em bandos e homens santos em grupos", dizia o místico Kabir.

– Por que alguém, conscientemente, se trairia e viveria uma mentira?

– Excelente pergunta. Primeiro, deixe-me dizer que, quando você realmente se trai, a parte mais profunda de seu ser sabe o que você está fazendo. Cada um de nós tem uma testemunha interior , um lugar profundo de sabedoria que se encontra em nossa essência autêntica, que observa *tudo* que fazemos. Esse lugar de sabedoria costuma ser chamado de consciência. Quando não vivemos de maneira autêntica, a testemunha nota. Quando trapaceamos, mentimos ou agimos de modo egoísta, a testemunha nota. Quando nos desonramos, arriscando pouco com nossa vida e nos recusando a viver o magnífico potencial que foi investido em nós, a testemunha nota. Quando não jorramos nosso amor no mundo, a testemunha nota. Toda essa traição de nosso verdadeiro eu nos leva a uma morte lenta e dolorosa. A testemunha não consegue acreditar no que fazemos a nós mesmos. Não acredita que somos tão incoerentes. Não consegue olhar para esses crimes contra nossa humanidade. Por isso ela começa a se retirar e se fechar. Nós, como pessoas, começamos a perder o autorrespeito. Nosso autovalor despenca. Começamos a nos sentir infelizes, zangados e irritáveis. Em um nível físico, ficamos sem energia e vitalidade e podemos até adoecer. Fazemos tudo isso a nós mesmos, mas geralmente acontece em um nível inconsciente. Aceitamos essa mentira sobre quem devemos ser e como devemos viver. E ela acaba nos matando. Então, no leito de morte, finalmente percebemos que não vivemos a vida que nos fora designada. Mas aí é tarde demais.

– Por que uma pessoa age assim consigo mesma? – insisti em saber.

– Porque não sabemos evitar isso. Começa quando ainda somos bebês. E, como bebês, contamos com nossos pais para nos ensinar como o mundo funciona. Temos fome do amor deles. Por isso fazemos o que for necessário para ser como eles, esperando que, se pensarmos, sentirmos e agirmos como eles, receberemos sua adoração. Infelizmente, com essa atitude, deixamos nosso verdadeiro eu para trás.

– Autotraição – afirmei.

– Exatamente. Portanto, despertar seu eu maior é, na verdade, uma jornada de onde você está agora, como adulto, até o lugar que conheceu antes, quando bebê. É uma jornada de volta para casa. É um retorno a sua natureza original. Nós já somos tudo que sempre sonhamos em ser. Mas nos esquecemos disso no caminho. E é por esse motivo que acredito que toda a noção de autoaperfeiçoamento é bobagem. Não há uma única pessoa no planeta que precise se aperfeiçoar. Não se pode melhorar a perfeição, e qualquer sugestão de que precisamos disso só nos faz sentir mais culpados por não sermos bons o suficiente. *O dever de todo ser humano não é aperfeiçoar a si próprio, mas lembrar-se de si próprio.* Lembrar-se de si é reconquistar o estado de ser e o poder autêntico que você perdeu quando saiu do estado ideal de recém-nascido e entrou neste mundo cheio de medo, um mundo que estraga as pessoas ao longo do caminho. E esse "processo de estrago" é o que leva cada um de nós a ver uma ilusão. Coloca-se um filtro entre a verdade da vida e nossa percepção humana. Esse filtro ou contexto pessoal é composto de todas as mentiras que nos ensinam. O mundo que julgamos ver, quando vivemos a vida no estágio 1 do processo, não é nada mais que uma fantasia. É uma espécie de mentira. O que estamos vendo não é a verdade, mas uma montagem de todas as coisas que fomos treinados a ver pelas pessoas a nossa volta, por melhor que fosse a intenção delas.

– É quase como se fôssemos ratos de laboratório condicionados a correr numa esteira para apanhar um pedaço de queijo – eu disse.

– Concordo com isso. Lembre-se, *vemos o mundo não como ele é, mas como nós somos.* Vemos o mundo através do filtro de nossa percepção pessoal, que engloba todas as crenças, medos, pressuposições e valores que assumimos de nossos pais, dos primeiros professores e do mundo em geral, na tentativa de fazer parte da multidão e de ser amados.

– Impressionante, Julian. É até difícil de acreditar. Eu nunca, nem por um instante, parei para pensar que o mundo que estou vendo no dia a dia talvez não reflita a verdade do que realmente acontece.

– Pouco tempo atrás, fui treinador de outro homem, e nós estávamos sentados em uma sala de aula, enquanto eu lhe passava uma lição relevante. Ele me fez uma pergunta e eu gentilmente respondi. Imediatamente sua linguagem corporal mudou e ele ficou zangado. Ao se aprofundar no que ele achava que havia causado aquela reação adversa, explicou que se sentira rejeitado por mim. Mas, na verdade, eu não o havia rejeitado. Conforme nos aprofundamos na fonte do incômodo, ele fez uma tremenda descoberta. Seu pai sempre fora um homem extremamente exigente, fazendo-o sentir-se rejeitado. Uma crença se instalara dentro de meu aluno, que dizia: "As pessoas me rejeitam", e esse padrão antigo se repetia sempre em sua vida. Tornar-se consciente disso foi importantíssimo para ele. Lembre-se de que a consciência precede a escolha, e a escolha precede a mudança – disse Julian, enquanto saíamos da rodovia e tomávamos uma estrada que levava às cavernas Camden.

– O que significa isso?

– Quando você se conscientiza de uma coisa que não está certa em sua vida, pode fazer novas escolhas. E essas novas escolhas levam a mudanças positivas. Digamos, por exemplo, que você tem uma mentalidade de escassez. Acha que é a pessoa mais generosa do mundo, mas isso não passa de uma negação. Você não quer enxergar o que realmente está acontecendo com você, por baixo da superfície. A verdade é que você é egoísta e tenta guardar tudo que for possível para si mesmo. Todos a sua volta percebem seu comportamento egoísta. Podem lhe dizer que você não vê o mundo como um lugar abundante e, por isso, guarda e acumula as coisas. Se tais pessoas já se trabalharam um pouco e tiverem um determinado nível de evolução pessoal, elas sabem que você age assim porque, em algum nível, tem medo. Medo de perder o que possui, medo de ser explorado, medo de fracassar, e nesse momento a questão mais profunda não é importante. Mas as pessoas veem que esse medo é o que determina seu comportamento e sabem que ele vem de alguma ferida na infância, como todos os medos, para qualquer pessoa no planeta. Enfim, você se considera uma pessoa amável e generosa. Agora, digamos que você tivesse coragem de pedir às pessoas um *feedback* sincero de como você poderia melhorar como ser humano. E digamos que as pessoas que você ama tivessem coragem de falar com sinceridade. Elas lhe diriam o que sempre perceberam: você age sob uma percepção de escassez e não é alguém tão altruísta como sempre pensou que fosse. Se desse ouvidos a essas pessoas, isso despertaria uma nova consciência em você. As sombras que antes se encontravam no reino do subconsciente passariam, agora, para o reino do consciente, onde você poderia olhar para elas. *O autoexame é o primeiro passo para a grandeza pessoal.* Você poderia investigar de onde veio esse sistema de crenças e onde os medos começaram. Essa nova consciência, por sua vez, levaria a novas escolhas, desde que você estivesse disposto a fazê-las. Você poderia ser mais altruísta e recusar-se a agir de acordo com seu antigo jeito egoísta de ser. Essas novas escolhas levariam a novas mudanças em seu modo de pensar, sentir e agir. Sua vida, enfim, mudaria. Processinho bom, não acha?

– Muito interessante, Julian. Vejo que estamos quase chegando às cavernas. Puxa, que região bonita! – exclamei, vendo os prados verdejantes, cheios de flores amarelas. Um riacho corria ao lado da estrada, e uma alameda de carvalhos margeava o caminho. – E quanto aos outros seis estágios? O estágio 1 é quando as pessoas são inconscientes das verdades da vida e quase não têm ideia de como o mundo realmente funciona. Estão adormecidas para o fato de que elas projetam seus medos, suas falsas crenças e seus preconceitos para o mundo e, por isso, têm uma visão distorcida da realidade. Entendo que a maioria das pessoas está nesse estágio e é por isso que o mundo é esta bagunça. Nós nos divorciamos de nossa natureza original. Vivemos projeções falsas do que era nosso magnífico eu original. Essa autotraição nos fechou e despertou o automenosprezo. Meu palpite é que, quando abandonamos nosso extraordinário eu, amável e destemido, e nos encaixamos em moldes que permitem nos adaptar à multidão, começamos a odiar a nós mesmos em um nível mais profundo, talvez inconsciente. Não é à toa que tanta gente se sente angustiada e zangada.

Julian começou a tocar a buzina. Levantou um punho no ar, enquanto deixava a outra mão na direção, e começou a cantar "It's a beautiful day" com toda a força dos pulmões. Mais uma vez ele estava feliz com minha rápida compreensão da sabedoria e do processo que me passava. Eu sabia que ele gostava de ser meu treinador, e eu adorava ser seu aluno. O que eu estava aprendendo com Julian era inestimável. Se mais pessoas pudessem ouvir o que eu ouvia, este nosso mundo seria um lugar muito diferente. Seria um lugar de mais justiça, autenticidade e amor. Naquele momento me comprometi não só a apreender aquelas informações, que eu fora abençoado por receber, mas também a divulgá-las aos outros. O termo "evangelista" sempre teve conotações negativas para mim. Mas, na verdade, essa palavra simplesmente se refere a "uma pessoa que passa adiante boas notícias". Eu passaria adiante a mensagem de Julian e me tornaria um evangelista.

Julian estacionou o carro em uma ladeira gramada, e começamos a caminhar pela trilha que nos levaria às cavernas. Ele tirou as sandálias e andou descalço. Julian não dizia nada, preferia cantarolar algo baixinho, enquanto absorvia as magníficas dádivas da natureza que nos cercavam. À medida que nos aproximávamos das cavernas, ele começou a falar:

– O primeiro dos sete estágios é Vivendo uma Mentira. Fazer a pergunta certa evoca a resposta certa, sabia? As perguntas são veículos poderosos para promover a autopercepção. Na verdade, isso me lembra de um pequeno e muito bom detalhe: uma pergunta ótima para escrever no diário quando eu não estiver por perto é "Que coisas não vou mais tolerar em minha vida?". Seja como for, sei que você não vai mais trair a si próprio, vivendo uma vida que não é sua. O estágio 2 é conhecido como O Ponto de Escolha. Quando você se conscientiza de que está seguindo a multidão e vivendo uma vida inautêntica, é presenteado com uma escolha.

– Essa é a parte de *Matrix* em que Neo deve escolher entre engolir a pílula azul e a vermelha, não é? Começo a ver como esse filme é profundo e significativo, Julian. Preciso vê-lo novamente – prometi.

– Boa ideia. E você está certo. Quando percebe que caiu na ilusão que as multidões querem fazê-lo acreditar que é a realidade, você tem uma escolha: continuar vivendo como sempre viveu, e assim se resignar a uma vida de infelicidade e mediocridade, ou tomar a pílula vermelha, por assim dizer, e progredir rumo a sua vida maior. E nunca se esqueça do que o poeta David Whyte comentou uma vez: "A alma prefere fracassar em sua própria vida a ser bem-sucedida na vida de outro". Nada é mais importante que ter a bravura de viver a *sua* vida. O estágio 3 se chama Percepção dos Prodígios e das Possibilidades. Nesse estágio, você começa a enxergar com novos olhos. Você vê mais da verdade do que jamais viu até então. Começa a compreender que o mundo quer que você vença e que ele é um lugar de grande abundância, oportunidade e majestade. Também começa a ver que as pessoas, em sua essência, são boas e só fazem coisas ruins por causa das feridas que a vida lhes trouxe. Não estou dizendo que não temos escolha; claro que temos, e todos podem escolher ser gentis, plenos e bons, por mais que tenham sofrido. Estou sugerindo, porém, que nesse estágio você começa a separar quem as pessoas realmente são do *comportamento de cada uma delas*, que pode parecer danoso e mesquinho. Você começa a ver que as pessoas que agem assim estão sofrendo. Quem tem o coração aberto e feliz *jamais* poderia ferir outra pessoa. Nesse ponto do processo para o autoconhecimento, você também passa a conhecer intimamente seu melhor eu. Você vê a autotraição com mais clareza do que antes e descobre do que você é feito. Esse é um estágio incrivelmente inspirador da jornada para casa.

– Qual é o estágio 4?

– Bem, depois de sair do estágio de estar Vivendo uma Mentira e passar pelo Ponto de Escolha, e após notar o mundo além da ilusão, um mundo de extraordinária beleza e possibilidades ilimitadas, você chega ao quarto estágio: Instrução dos Mestres. É nesse estágio que o buscador geralmente começa a procurar vários professores e explorar muitos caminhos diferentes de aprendizado. Ele tem fome de respostas e de cura. Pode ser um momento muito confuso, porque, quando muito conhecimento novo chega ao buscador em pouco tempo, é difícil assimilar tudo. Mas, por favor, entenda que *a confusão sempre cede lugar à clareza* com o passar do tempo, e chega um momento em que todo novo aprendizado se torna maravilhosamente integrado dentro de sua compreensão. Esse é o começo da sabedoria *real*.

Depois vem o estágio 5: Transformação e Renascimento, talvez o mais desafiador de todos. Mas é também o mais inesquecível. É nesse estágio que seu maior eu começa a se apresentar todos os dias, e todo o seu mundo começa a mudar. É verdade que a mudança nem sempre é fácil, mas os benefícios que você receberá nesse ponto do processo lhe servirão muito bem por toda a vida. O estágio 6 é A Prova. Antes de um buscador encontrar o tesouro, ele terá de passar por uma prova. Há dois propósitos nessa prova: primeiro, o de garantir que o buscador aprendeu todas as lições que deveria aprender no caminho; e, segundo, ver até que ponto ele quer o prêmio. É nesse estágio que a maioria das pessoas desiste. Muitas retrocedem nesse ponto, o que é triste, pois, se persistissem um pouco mais, o maior de todos os dons estaria facilmente disponível. Por fim, o estágio 7 é O Grande Despertar do Eu. Quando chega a esse ponto, e poucos chegam, como eu disse, você alcança o estágio da iluminação. Torna-se todas aquelas coisas que refletem sua natureza original. Retorna ao estado de ser que conhecia quando era ligado à força da natureza que o enviou ao mundo. Torna-se destemido, inocente, infinitamente sábio, de potencial ilimitado e puro amor. Nenhuma sombra, só luz. Você pode chegar a esse estágio, se estiver disposto e for *dedicado*. Mas, para chegar a esse lugar final, você precisa desejá-lo mais que a própria vida. Isso me lembra do que escreveu Sheila Graham, certa vez: "Você pode ter qualquer coisa que quiser, se quiser desesperadamente. Deve desejá-la com uma exuberância que irrompe através da pele e se une à energia que criou o mundo".

– Belas palavras – aplaudi.

– E a que lugar melhor pode um ser humano aspirar que a iluminação? – perguntou Julian, enquanto entrávamos numa caverna escura. – Mas preciso lhe dizer que os sete estágios para o autoconhecimento não são como um passe de mágica, um processo de conserto rápido para a transformação pessoal. Eles demandam esforço, paciência e tempo. Nas próximas semanas, eu o conduzirei por várias experiências para que os sete estágios da vida se abram para você. Sou seu treinador e é meu dever lhe mostrar o processo dos sete estágios. Mas caberá a você vivê-lo no decorrer das semanas, dos meses e até dos anos que se seguirem a minha visita.

Senti uma pontada de tristeza. Julian acabara de entrar em minha vida na noite anterior, e falar tão cedo sobre a partida me perturbava. Em nosso pouco tempo juntos, ele já havia enchido meu coração com grande inspiração e me ensinado muita sabedoria. Eu sabia que, se escolhesse aplicar ao menos um pouco do conhecimento que ele já me dera, toda a minha vida assumiria um caráter diferente.

Mais uma vez, Julian captou meus sentimentos.

– Ei, amigo, não se preocupe. Temos grandes coisas para fazer juntos enquanto eu ficar por aqui. E, quando eu tiver terminado meu trabalho, você não precisará de mim. Estará se divertindo muito, sozinho – ele disse, com um riso poderoso.

Julian me pegou pelo braço e gentilmente me conduziu para dentro da caverna escura. Após caminhar por cerca de um minuto, ele pediu que eu me sentasse no chão e olhasse para a parede a minha frente.

– Fique completamente focado naquela parede, Dar – ele disse. – Não desvie os olhos. Promete?

– Prometo.

De repente, a caverna se iluminou. Eu não tinha ideia do que havia atrás de mim, mas ouvia Julian mexendo em alguma coisa. Enquanto olhava para a parede, eu via várias imagens sendo projetadas na superfície rochosa a minha frente.

Depois de observar por uns dez minutos aqueles objetos dançarem na parede da caverna, ouvi a voz de Julian:

– O que você está vendo na parede é mera ilusão. É uma mentira. Agora, está na hora de enxergar a verdade. Está disposto?

– Sim, estou – eu disse, ainda com os olhos fixos no que se passava a minha frente.

– Então, vire-se e veja o que *realmente* está acontecendo.

Eu me virei e vi que Julian havia acendido uma pequena fogueira. Ele tinha nas mãos um número de pequenos objetos de pedra que estava colocando na frente do fogo. Esses objetos projetavam as imagens que eu via na rocha.

– Você já leu *A república*, de Platão, Dar? – Julian perguntou.

– Não, nunca cheguei a ler.

– É importante ler os grandes livros primeiro, sabia? Do contrário, você pode se dar conta de que não tem mais tempo. Em todo caso, há uma seção no livro em que vários seres humanos estão sentados numa caverna como essa. Eles estão observando as imagens projetadas na parede, como você fez. O triste é que, durante toda a vida, eles acreditaram que o que viam era a verdade; nunca tinham percebido que estavam olhando para uma ilusão. Um dia, um deles ousou ser diferente, ousou ser um buscador e procurar a verdade. Ele se libertou e se afastou das outras pessoas, tendo coragem de ver o que havia atrás dele, em vez de continuar olhando para as imagens projetadas a sua frente. E o que ele viu o assustou.

– Aposto que ele viu uma fogueira. E viu que as imagens na parede eram meras projeções dos objetos sendo colocados na frente do fogo. Parou de acreditar na mentira em que sempre acreditara e, pela primeira vez na vida, enxergou a verdade.

– Perfeito – Julian disse, assentindo com a cabeça, cheio de satisfação. – Muito bem notado. E essa nova percepção mudou a vida dele. Agora que você entendeu do que estou falando, vamos sair daqui. Acho esse lugar um pouco assustador, se quer saber – ele comentou, rindo. Julian apagou a fogueira, e saímos meio aos tropeços da caverna, rumo à luz.

Julian me conduziu por uma trilha em um bosque. O cheiro de pinho e cedro me trazia à memória lembranças da infância, quando eu caminhava pelos bosques com meu pai. Logo, ouvi um som de água. À medida que nos aproximávamos, vi uma pequena cachoeira e, acima dela, um arco-íris.

– Esse é um bom sinal – disse Julian, feliz. E me instruiu: – Agora, fique debaixo da cachoeira.

– Você está brincando!

– Não. Só quero que você faça isso por alguns minutos. Vai purificá-lo e servirá como uma metáfora para você se livrar das impurezas que acumulou desde que abandonou seu estado perfeito de ser. Vá para baixo da cachoeira e feche os olhos. Imagine a água lavando-o de todas as crenças limitantes, pressuposições falsas, medos e preconceitos.

Fiz o que Julian mandou, e, embora a água estivesse fria a princípio, a experiência foi fantástica. Eu me sentia mais leve, mais feliz e mais puro.

– Agora você percebe a ilusão sob a qual viveu toda a sua vida – disse Julian, quando saí para o sol, para me secar. – Agora você está pronto para deixar de mentir a si mesmo e para abandonar a multidão, buscando a verdade. Livre-se das correntes que o prendem ao chão e levante-se para receber sua vida maior. Ao fazer isso, ao abandonar a mentira e viver a vida que é sua, você encontrará algo que todos nós desejamos com ardor: *liberdade*. Agora, você está pronto para sair do primeiro dos sete estágios para o autoconhecimento.

Em seguida, Julian pediu para que eu fechasse os olhos e me sentasse na grama, às margens da cachoeira.

– Estas são as palavras do grande autor Herman Hesse – ele começou a dizer –, e quero que você as decore, Dar. Elas resumem o que você aprendeu esta manhã.

Julian falou em voz alta, como que para proclamar a toda a natureza a verdade do que estava dizendo:

– "Está na hora de você recuperar seus sentidos. Você deve viver e aprender a rir. Deve aprender a escutar a amaldiçoada música radiofônica da vida, reverenciar o que há por trás dela e rir de suas distorções. É isso, enfim. Nada mais será solicitado a você".

5

O buscador descobre a mais importante escolha que um ser humano pode fazer

Não conheço nenhum fato mais encorajador que a habilidade de um homem para elevar sua vida por meio do esforço consciente. Uma coisa é pintar um quadro específico, ou esculpir uma estátua, ou criar alguns objetos belos. Outra coisa, muito mais gloriosa, é esculpir e pintar a própria atmosfera e o meio através dos quais olhamos. Moralmente, podemos fazer isso.

– Henry David Thoreau

Estávamos saindo do campo onde eu completara o primeiro dos sete estágios para o autoconhecimento. Julian estava de volta à direção da Ferrari vermelha.

– Todo verdadeiro buscador, no caminho do despertar e da autorrealização, acaba chegando a um lugar onde terá a oportunidade de fazer uma escolha que vai alterar dramaticamente sua vida para sempre. Às vezes, esse momento decisivo vem por meio de um intenso sofrimento, como a morte de uma pessoa querida, uma doença, uma crise financeira ou um acidente trágico. Outras vezes, ele vem à tona simplesmente porque o buscador está pronto para chegar ao nível seguinte de vida e realizou o progresso interior necessário para criar essa possibilidade – Julian explicou, enquanto fazia uma curva fechada para entrar numa rodovia que nos levaria de volta ao centro da cidade. – Se você saiu do primeiro dos sete estágios para o autoconhecimento, tornando-se ciente da autotraição que vinha cometendo, como buscador da verdade e explorador de sua vida maior, você não deixará de alcançar o estágio 2: O Ponto de Escolha.

– E meu palpite, Julian, é que o modo como o buscador entra nesse Ponto de Escolha, em muitos sentidos, determina seu destino. Tome uma decisão e você viajará por uma daquelas vias expressas de que você me falou antes. Tome outra e seguirá por caminhos pedregosos.

– É isso mesmo, Dar. A verdadeira decisão que você encontrará no Ponto de Escolha requer que você ou demonstre uma disposição sincera de avançar, confiante no caminho consciente para sua vida autêntica, ou regrida à vida que já viveu, um retorno ao sono em vigília que você já conhecia. *Por fim, o Ponto de Escolha lhe oferece a chance de escolher sua maior vida ou permanecer pequeno e confinado ao rebanho de lemingues, seguindo inconscientemente aqueles a sua volta que cairão, um após o outro, do penhasco. Eu lhe direi uma coisa de minha experiência profissional: se não tomar a melhor e mais nobre dentre duas decisões que se apresentarem no Ponto de Escolha, você embarcará em uma vida de profundo arrependimento e sofrimento até o fim.* Nada destrói tanto o coração quanto o conhecimento de que você teve a chance de manifestar seu magnífico potencial, mas se recusou a aceitar o chamado. *Recusar-se a aceitar o chamado de sua melhor vida é um insulto à força que o criou* – Julian afirmou, com uma intensidade maior que o normal. De repente, ele saiu da via expressa e entrou numa estrada lateral que ia terminar em um hospital comunitário, localizado em um subúrbio da cidade.

– Por que estamos entrando aqui, Julian? – perguntei, um pouco confuso. O treinamento de Julian era constantemente rico em aventuras e suspense.

– Você vai ver – foi a resposta profética.

Enquanto entrávamos no hospital pela área da recepção, duas atraentes enfermeiras correram ao nosso encontro para cumprimentar Julian.

– Oi, querido – uma delas disse, em tom de flerte. – Que bom você aparecer.

A outra sorriu, enquanto brincava:

– Oi, Julian. Finalmente resolveu fazer aquele exame físico?

As duas caíram na risada e deram um grande abraço em meu treinador, único do gênero.

– Sério, Julian – disse a primeira que o havia cumprimentado. – É muito bom ver você de novo. Venha, eles o estão esperando.

– Vocês podem ficar de olho no meu amigo por um segundo, senhoras? – perguntou Julian. – Preciso dar um pulo na loja de presentes por um minuto.

Enquanto Julian saía para fazer o que tinha de fazer, tentei imaginar o que estava acontecendo. Precisava de algumas respostas.

– Como vocês conhecem Julian? – perguntei.

– Ah, ele vem aqui quase todo dia – uma delas disse.

– É o nosso melhor voluntário – a outra completou. – Todos amam Julian. Ele entrou neste hospital um dia, apenas algumas semanas atrás, e disse que queria ajudar. Pediu especificamente para ser colocado numa ala de tratamento para pacientes terminais. Ainda me lembro quando ele disse algo como "preciso ser um instrumento de serviço e acrescentar valor ao ser humano". Julian é um idealista, o senhor sabia?

– Eu sei – respondi, com um meneio de cabeça.

Julian voltou com um enorme buquê de flores nos braços.

– Venha, Dar – ele disse. – Há um grupo especial de pessoas que eu gostaria de apresentar a você.

Passamos por um longo corredor com paredes brancas esterilizadas. O lugar cheirava a amônia e café. No fim do corredor havia um saguão. Quando entramos, as seis pessoas que estavam sentadas lá dentro se levantaram imediatamente para cumprimentar Julian com sorrisos e abraços. Era evidente que tinham enorme afeição por ele. Era claro, também, que ele estava comovido com aquela flagrante demonstração de afeto. Percebi lágrimas em seus olhos. Ele viu o que eu vi.

– Não há nada errado em um homem chorar, lembre-se disso – ele sussurrou em meu ouvido. – Uma pessoa fechada para os sentimentos não tem sensibilidade, compaixão e empatia. Pessoas assim são capazes de iniciar uma guerra, cometer crimes e espalhar o ódio. Não evite seus sentimentos, Dar. Eles são uma parte essencial da pessoa autêntica que você é.

Agora Julian falava alto com o grupo reunido a nossa frente.

– Estas senhoras e estes senhores são meus amigos – ele disse. – Senhoras e senhores, este é meu amigo Dar.

Cada um deles me deu a mão, calorosamente. Pediram-me que eu sentasse, e assim o fiz.

– Estávamos esperando você, Julian. Este é o homem com quem você queria que eu conversasse? – perguntou um senhor que aparentava ter uns 80 e poucos anos. Ele vestia um terno xadrez com uma camisa branca e gravata-borboleta. Seus cabelos grisalhos e esparsos estavam bem penteados para trás.

– É, sim, Peter. É ele. Por que você não lhe conta o que me disse uma ou duas semanas atrás, quando eu vim visitá-lo? Suas palavras são muito poderosas. Eu gostaria que ele as ouvisse de você mesmo.

– Bem, – começou o senhor idoso – eu apenas disse ao nosso jovem amigo Julian, aqui, que agora que estou no fim da vida meu maior arrependimento é não ter deixado a música dentro de mim cantar. Sei, no fundo do coração, que havia uma canção dentro de mim que precisava se expressar – ele explicou, poeticamente. – Havia uma missão criativa oculta em mim que pedia para ser libertada e realizada. O que eu quero dizer é que todos nós temos coisas especiais a fazer com nossa vida. Cada um de nós é uma criatura especial, dotada de capacidades milagrosas e habilidades inacreditáveis.

– Peter era orador motivacional antes de vir parar aqui – uma das mulheres brincou. Todo o grupo começou a rir. Dizem que o riso é a menor distância entre os corações humanos. Quando rimos juntos, todas as invenções sociais que nos afastam caem por terra, e nós nos ligamos como pessoas reais. É uma coisa linda de se ver. Foi nesse momento que percebi a verdade de uma coisa que Julian me havia dito: nós todos somos irmãos e irmãs da mesma família. Somos unidos em um nível invisível, e uma voz de sabedoria dentro de mim me disse que, quando desconsideramos essa verdade, caímos na ilusão produzida pela multidão. Compreendi que não somos separados. Nós *somos* ligados por fios invisíveis. Mais do que pelo riso, descobri que podemos nos ligar uns aos outros partilhando nossa dor. Se todas as pessoas no mundo se unissem por meia hora e partilhassem o sofrimento pessoal que aguentaram toda a vida, nós todos seríamos amigos. Não existiriam inimigos. Não haveria guerras.

O homem idoso continuou:

– Como eu estava dizendo, *meu maior arrependimento é não ter escutado a mim mesmo*. Eu sabia que podia fazer grandes coisas na vida. Eu era um escritor muito bom quando era jovem, cheguei até a ganhar alguns prêmios literários durante meus tempos de faculdade. Mas minha mãe queria que eu fosse contador. Ela dizia que eu cometeria o maior erro da minha vida se não desse ouvidos a ela. Na verdade, o maior erro da minha vida foi não ser verdadeiro comigo mesmo e não fazer o que eu sentia que deveria fazer. E agora (saiba que os médicos daqui dizem que devo ter somente algumas semanas de vida) estou tão triste pela escolha que fiz! Sinto que desperdicei toda a minha vida. Oitenta e sete anos se passaram voando. Parece que ainda ontem me casei com minha esposa, Margaret. Parece que ainda ontem vi meus filhos nascerem. Margaret já morreu, e meus filhos vivem a vida deles. A vida passa mais depressa do que a gente pode imaginar. Os dias viram semanas, as semanas viram meses e os meses viram anos. Hoje você parece muito jovem, mas cuidado! Vai ficar como eu quando menos esperar. A vida é assim. Por isso, viva a vida que é para você. Sua vida é importante demais para você esperar até o momento próximo da morte para acordar. Eu vivi a vida da minha mãe, quando deveria ter tido a sabedoria de viver a minha. Passei a vida tentando agradar os outros. Mas onde eles estão agora? Todas aquelas pessoas que eu passei a vida agradando não estão mais por aqui. *No seu leito de morte, a única pessoa a quem você terá de responder é aquela que você vê no espelho toda manhã. É melhor você ser verdadeiro com essa pessoa.* Eu cometi "o crime da autotraição", usando as palavras de Julian. É isso que vai me matar. Não é o câncer.

A sala caiu num silêncio completo. Os amigos de Peter baixaram os olhos, todos aparentando tristeza, não só por ouvir a história de um homem que falava de seu mais profundo arrependimento, mas também por se lembrar de que logo ele não estaria mais entre eles. *A vida é uma coisa muito frágil. Eu nunca soube disso realmente até agora. Ela é um tesouro inestimável que ganhamos para guardar e usar com nossas melhores habilidades. O fato de ela não se repetir é o que a torna tão sagrada.* E, no entanto, a maioria das pessoas que vivem em meio à multidão nunca aperta o botão de pausa na vida nem para por pelo menos sessenta segundos para refletir por que está aqui e o que deve fazer.

Depois de sairmos das cavernas Camden, Julian havia me contado uma pequena história. Certo dia, um sábio encontrou um mendigo na rua. O mendigo, não sabendo com quem estava falando, parou o sábio e lhe fez três perguntas: Por que você está aqui? Aonde está indo? Há um motivo importante para você ir lá? O sábio olhou para o mendigo e perguntou quanto dinheiro ele geralmente ganhava em um dia. Ao ouvir uma resposta sincera, o sábio disse: "Por favor, venha trabalhar para mim. Eu lhe pagarei dez vezes mais se você me fizer essas três perguntas antes de eu meditar, toda manhã".

Aprendi, com isso, que a reflexão é a mãe da sabedoria. Precisamos encontrar tempo todos os dias para perguntar a nós mesmos por que estamos aqui, como estamos vivendo e se estamos fazendo o melhor uso dos dons que a vida nos deu. Precisamos prestar atenção na vida. Precisamos estar em frequente ligação com nossos sonhos. Este nosso universo é realmente um lugar amistoso, e nós não seríamos capazes de sonhar se não tivéssemos a capacidade correspondente de trazer o sonho à vida. "O universo quer que vençamos", Julian dizia com frequência. "Só precisamos sair de nosso caminho fechado."

Os comentários de Peter haviam me tocado profundamente. Eu sabia que era isso que Julian esperava. Eu precisava tomar algumas decisões. Precisava encontrar minha maior vida, de uma vez por todas.

Ficamos cerca de meia hora no hospital, tomando chá de ervas e partilhando histórias com aquelas amáveis pessoas com as quais Julian fizera amizade. Ele também passou um tempo colocando flores novas na sala, para elas. Ele era um homem de extraordinária compaixão e sensibilidade. Nós dois agradecemos às pessoas por sua hospitalidade, e então o grupo nos acompanhou até a Ferrari. Todos amavam Julian. E todos adoraram o carro.

– Então, se continuar por esse caminho até sua vida autêntica, deixando a multidão e começando a viver segundo *seus* valores, *suas* crenças e os desejos do *seu* coração, você, como buscador, chegará inevitavelmente ao Ponto de Escolha. Sua reação nesse ponto determinará como será sua vida a partir daí – resumiu Julian, ao sairmos do estacionamento do hospital, enquanto meus novos amigos acenavam de longe, despedindo-se de nós. – Nunca se esqueça do que Harriet Beecher Stowe escreveu certa vez: "As lágrimas mais amargas derramadas sobre uma sepultura são por palavras não ditas e atos não realizados". Torne-se uma pessoa de ação, uma daquelas almas indomáveis que saem à cata de sua melhor vida. Faça o melhor que souber fazer. Depois deixe tudo correr e aceite o que vier até você com o coração aberto e a perfeita certeza de que isso é o que a natureza lhe reservou.

– Entendi, treinador. Escute, você ainda não me disse quem é o dono deste carro. Não é seu, é?

– Não, não é meu. Minhas viagens são muito leves hoje em dia para eu ter um carro assim. Sou um homem muito simples. Mas era meu – Julian admitiu. – Esta é a minha velha Ferrari.

– Sério? Quando eu era criança, meu pai costumava me levar para passear perto da sua casa, Julian. Eu ficava olhando para este carro o tempo todo. Puxa, eu adorava este bebezinho.

– Eu sei. Eu via você olhando, de vez em quando – ele disse, piscando um olho.

– Ah, é?

– Claro. Um industrial, cliente meu, comprou o carro de mim pouco antes de eu partir para a Índia. Ele disse que eu poderia comprá-lo de volta se quisesse, sem nenhum problema. Disse também que eu poderia dirigi-lo sempre que estivesse de volta à cidade. Ele tem sido muito generoso comigo, em muitos sentidos. Emprestou-me o carro para eu usar enquanto estiver por aqui.

Passeamos em silêncio por muito tempo. Quando chegamos à entrada do hotel, Julian parou o carro. O porteiro sorriu para nós e me fez um sinal positivo com o polegar. Ele parecia profundamente impressionado.

– Abra o porta-luvas, Dar. Há algo aí para você. Quero que você olhe para o presente depois que eu for embora, o que infelizmente deve ser daqui a alguns minutos. Tenho uma massagem marcada e não gosto de me atrasar para meus horários de massagem. É um presente que me dou regularmente.

– Eu nunca teria adivinhado que você é um grande fã de massagens – comentei.

– Por que não, Dar? A massoterapia é um jeito maravilhoso de garantir vitalidade, eliminar toxinas e melhorar a saúde. Tenho toda uma série do que chamo de "estruturas de sucesso", ou seja, práticas que insiro em minha semana para me manter saudável, feliz e em paz profunda. Fazer exercícios diários, manter uma dieta balanceada, meditar, passar algum tempo junto à natureza e ter uma massagem a cada sete dias são coisas que faço por mim mesmo para viver muito tempo e ser capaz de realizar o trabalho ao qual sou chamado. Uma massagem por semana pode parecer caro para algumas pessoas, mas para mim é um investimento, não uma despesa. É dinheiro bem gasto. Não sirvo a ninguém se ficar deitado num quarto de hospital. Vejo minhas massagens como um custo de negócios, por assim dizer.

– Um modo interessante de ver a coisa, Julian.

– Hoje foi um dia cheio para você, Dar. Plantei algumas sementes que florescerão em alguns *insights*, com o tempo. Acredite-me: você aprendeu um bocado hoje.

– Sou muito grato por este dia com você, Julian. Você me passou lições muito profundas. Eu sei disso. E o modo como as passou as torna inesquecíveis. Eu não tinha ideia de que aprender podia ser tão divertido, memorável e emocionante.

– Aprender tem de ser divertido, memorável e emocionante. Aprender com livros, intelectualmente, é ótimo. Mas aprender de um jeito que o envolva em um nível *emocional* é ainda mais poderoso e duradouro. É por isso que eu tento criar experiências que o ajudem a aprender aquilo de que você precisa. A experiência é sempre a melhor professora. Seja como for, foi muito bom hoje.

Abri o porta-luvas e encontrei um pacote embrulhado. Era evidente, a julgar pelas bordas irregulares, que o próprio Julian fizera o embrulho, mas eu lhe dei crédito pelo esforço e pela atenção.

– Obrigado, Julian. Não imagino o que há dentro, mas sei que vou dar muito valor, por vir de você.

– Ah, a propósito, isto também é para você – ele afirmou, dando-me as chaves da Ferrari.

– Você quer que eu estacione o carro? – perguntei, disposto a ajudar Julian como eu pudesse.

– Não, meu amigo – ele fez uma pausa. – O carro é seu.

Fiquei perplexo. Julian estava me oferecendo seu antigo carro? Quando criança, eu não poderia ter imaginado um sonho melhor se realizando. Mesmo agora, ser dono de uma Ferrari clássica e em condições imaculadas ainda era uma noção que me emocionava.

– Não quero forjar o Ponto de Escolha para você, Dar, cortando o caminho onde você está, a jornada do buscador. Se você continuar com os olhos abertos na busca pela verdade, o Ponto de Escolha obrigatoriamente se apresentará. Mas quero fazer o melhor para trazer para sua vida os sete estágios para o autoconhecimento, por isso tentei criar algumas experiências memoráveis que lhe ensinarão a essência de cada estágio. Agora estou lhe dando uma escolha, e faço isso com toda a seriedade: você pode ter essa Ferrari, se quiser. Meu antigo cliente concorda, sem problemas. Ele disse que o que eu quiser é o que ele quer. Já lhe fiz alguns grandes favores no passado. Mas há uma condição.

– Pode falar – eu disse, com um sorriso, temendo o pior.

– Bem, se você escolher que quer o carro, eu não posso mais ser seu treinador. É o carro ou meu treinamento. Podemos continuar como amigos, mas terei de partir para minha tarefa seguinte. Veja, o Ponto de Escolha é isto: fazer algum tipo de sacrifício. Nada de bom acontece sem sacrifício. O Ponto de Escolha tem tudo a ver com você deixar o mundo que conhecia e se aventurar nas fronteiras desconhecidas de sua melhor vida. E, para acessar essa melhor vida, você tem de querê-la mais do que tudo no mundo. Tem de querê-la mais que esta Ferrari. A maioria das pessoas acredita que leva meses e até anos para transformar a vida. Na verdade, você pode literalmente mudar sua vida num instante, tomando uma decisão de jamais voltar ao modo antigo de viver, aconteça o que acontecer. O que leva meses, anos e às vezes décadas é a *manutenção* necessária para sustentar essa decisão.

– Ótima distinção, Julian – eu disse.

– Por isso, a escolha é sua: este raro e exótico carro esporte ou a chance de ser verdadeiro consigo mesmo. Cabe só a você decidir.

– Ah, Julian – suspirei. – Você está me matando, cara – acrescentei, rindo. – Você sabe qual é minha resposta; eu não sou idiota. Fico com o treinamento. Escolho minha vida maior!

Julian bateu palmas, feliz com minha decisão, e acrescentou:

– Quanto a mim, acho que essa é a única escolha a fazer no Ponto de Escolha: alcançar as estrelas e caminhar na direção da vida que lhe foi destinada. Mas, como você está levando na esportiva, vou lhe fazer outra oferta. Se você não se importar de devolver este carro na casa de meu amigo, pode passear com ele pela cidade. Feito?

– Feito.

Julian me deu um abraço e saiu do carro. Depois colocou a cabeça para dentro e disse:

– Vamos nos encontrar de novo aqui, daqui a sete dias, às cinco da manhã em ponto, por favor. Quero explicar o estágio 3 dos sete estágios para o autoconhecimento. Você vai amar o que aprender. Até lá, seja gentil com você mesmo. Você está passando por muitas mudanças, por isso arrume tempo para cuidar de si. Faça caminhadas longas num bosque. Escute sua música favorita. Marque uma sessão de massagem. E, claro, ache tempo para experimentar o silêncio, a tranquilidade e a solidão. Você está indo muito bem. Eu o verei em breve, meu amigo.

Com essas instruções, o ex-astro do direito convertido em monge que tudo sabe e em sábio treinador para a vida entrou no The Q Hotel, e eu o perdi de vista. Fiquei no assento do passageiro da Ferrari por muito tempo, refletindo naquele dia e comprometendo-me profundamente a prosseguir pelo caminho consciente da vida. Desembrulhei o presente de Julian. Era um exemplar novo em folha de *A república*, de Platão. Fui folheando o livro e vi uma mensagem escrita por Julian nas primeiras duas páginas em branco. Dizia:

Caro Dar,

Primeiro, deixe-me cumprimentá-lo por sua bravura. É preciso determinação e poder para sair das forças gravitacionais da multidão e começar a viver de maneira mais verdadeira. O ônibus espacial usa mais combustível durante os três primeiros minutos após a decolagem do que durante o restante de sua órbita em torno de toda a Terra, pelo seguinte motivo: há uma atração gravitacional exercida pelo mundo que exige grande energia para ser superada. Mas é preciso superá-la, meu amigo, para evitar uma vida de arrependimento e tristeza.

Quando você olhar este livro, já terá feito a melhor escolha de sua vida: seguir o caminho de seu destino e chegar a sua melhor vida (eu sabia que você faria essa escolha - seu pai era um grande e sábio homem, e o fruto nunca é muito diferente da árvore). Agora, estou convidando-o a fazer algumas escolhas diárias que o ajudarão a jogar seu melhor jogo como ser humano. São as cinco práticas essenciais que você deve integrar em sua vida nas próximas semanas e meses, se quiser mesmo viver a bela vida que será sua. Eu as chamo de as cinco devoções diárias:

1. Levante-se às cinco horas todas as manhãs. Aqueles que se levantam cedo são os que mais aproveitam o que há de melhor na vida.
2. Reserve os primeiros sessenta minutos de seu dia como sua "hora santa". Será seu momento sagrado para fazer o trabalho interior necessário que o ajudará a se tornar seu melhor eu. Use esse período para ler literatura de sabedoria, meditar ou rezar, refletir no estado de sua vida e no progresso dos sonhos que você escreveu em seu diário, ou para pensar profundamente no que deve se desenrolar nas horas seguintes do dia, para que você sinta que o dia valeu a pena. A realização desse ritual todos os dias ajudará você a brilhar no mundo e viver o melhor de si.
3. Mostre um padrão de cuidado, compaixão e caráter bem além do que as pessoas poderiam imaginar de você. Com isso, você

estará fazendo a sua parte em ajudar a construir um mundo novo.

4. Mostre um padrão de excelência no trabalho superior ao que as pessoas esperariam de você. Abundância e realização fluirão de volta a você.
5. Seja a pessoa mais amável que você conhece, e pense, sinta e aja como se fosse uma das melhores pessoas que existem no planeta atualmente (porque você é). Sua vida nunca mais será a mesma, e você abençoará a vida de muita gente.

Deixe-me concluir dizendo que eu admiro você, como homem. Você passou por muita coisa, e dias bem melhores estão vindo – como sempre vêm. "No coração de todo Inverno há uma Primavera potencial. Por trás do véu de cada noite aguarda um sorridente despertar", escreveu o poeta Kahlil Gibran. Você sabe que ele estava certo.
Seu fã... Julian

Eu não tinha dúvida de que os melhores dias de minha vida ainda estavam me esperando. Não tinha dúvida de que o melhor ainda estava por vir.

6

O buscador encontra os prodígios e as possibilidades

Com a vida, estou sempre no ataque, buscando incansavelmente cada prazer, colhendo respostas, sugando dela até a dor. Eu saqueio, caço a vida.
– Marita Golden

O Mundo é um grande livro, do qual aqueles que nunca saem de casa só leem uma página.
– Santo Agostinho

Na semana que se seguiu a meu último encontro com Julian, mudanças profundas começaram a acontecer. Passei a me sentir diferente, percebendo que começava a viver a vida de modo autêntico, com muito mais consciência do que até então. Estava prestando atenção nas escolhas que fazia em termos de pensamento, sentimento e ação e me certificava de que cada uma delas se originava de um lugar de impecável integridade e genuína honra. Isso, por sua vez, me fazia sentir mais confiança e paz interior do que jamais havia experimentado em toda a vida. Em muitos sentidos, eu me sentia intocável. Sentia-me vivo. Sentia muita alegria. Estava me tornando uma versão melhor de mim mesmo. Eu sabia que estava despertando.

Entretanto, para ser sincero, muitos medos começaram a vir à tona. Um buscador a caminho de casa, encontrando seu autêntico e maior eu, sempre terá de enfrentar medos que nem sabia que existiam. Enquanto vivemos uma vida inconsciente, muitos de nossos medos vivem no reino de nosso subconsciente. Conscientemente, nós nem sabemos que eles estão lá. Mas estão, e afetam cada uma de nossas escolhas e controlam nossa vida em um nível invisível. Quando despertamos e escolhemos viver nossa vida a partir de uma estrutura de referência mais verdadeira, nossos medos começam a ver a luz do dia – e precisamos enfrentá-los. Isso geralmente é assustador.

Descobri, no entanto, que nossos medos são monstros de palha. Se os negarmos, eles se escondem no porão, secretamente sabotando nossa vida e nos forçando a fugir de nossos sonhos. Mas, se os enfrentarmos, convidando esses monstros aterradores a sair do porão, subir as escadas e vir tomar um chá conosco – se os conhecermos –, percebemos que são muito menores do que pensávamos. Assim como uma sombra desaparece quando se depara com a luz do sol, um medo convidado para a luz de nossa consciência humana começa a evaporar. Aquilo a que resistimos persiste. E, se nos recusarmos a fazer o trabalho interior necessário para ver e trabalhar nossos medos, eles sempre nos dominarão. Todavia, se tivermos coragem de explorar e conhecer nossos medos, eles passarão por nós e se dissolverão. Se resistirmos a eles, os medos vão persistir. Se fizermos amizade com eles, vamos inevitavelmente transcendê-los.

Certa vez, Julian me contou a história de um alpinista que, ao meio-dia, chegou ao topo da montanha que estava escalando. O desafio passou a ser, então, voltar, chegar a um local seguro antes do pôr do sol. Enquanto descia, ele notou que o sol ficava cada vez mais baixo. Apressou o passo, mas as horas passavam, a claridade enfraquecia e o sol mergulhava mais no horizonte. Ele começou a ficar assustado, e muitos medos vieram à tona. Ele sentia que, se não chegasse à base da montanha, ficaria parado no meio do caminho, em uma posição extremamente perigosa, talvez até caísse e morresse.

Por fim, o sol se pôs e o alpinista se viu em total escuridão. Desesperado, ele começou a procurar algo em que se apegar e conseguiu se segurar em um galho que saía de uma fenda na face rochosa da montanha. O alpinista passou a noite pendurado naquele galho, paralisado de medo, achando que, se tirasse a mão, morreria ao despencar. A noite foi um pesadelo para ele, um total terror.

Mas, quando os primeiros raios de sol apareceram, ele começou a rir. Mal podia crer no que via. *Seu medo era só uma ilusão.* Poucos centímetros abaixo, encontrava-se uma saliência na rocha. No escuro, ele não a vira. No entanto, à luz, percebeu que bastava ter descido uns dez centímetros e teria passado a noite em segurança e relativo conforto. Seus medos eram infundados. Seu terror não tinha base na realidade. E os medos, isso eu descobri, são assim. Eles nos deixam pequenos, aprisionados, arruínam nossa vida. E, no entanto, cada medo que nos limita tem apenas uns dez centímetros de altura. Não se deixe dominar por esses medos. Não permita que arruínem sua vida.

Cheguei ao The Q pontualmente às cinco horas da manhã. Já era bem mais fácil me levantar cedo, e eu estava gostando das horas extras que a disciplina do madrugador me oferecia. Como sugerira Julian, eu usava esse período como "campo de base", no início do dia, para planejar, visualizar, contemplar e ler grandes livros de sabedoria. Isso me ligava às verdades essenciais que se encontravam na base de uma vida grandiosa. Ler todas as manhãs também me inspirava, lembrando-me de que nenhuma vida, por mais maravilhosa que seja, é inteiramente livre de problemas e desafios. As únicas pessoas que não têm problemas são aquelas que estão na sepultura. Na verdade, é a existência de problemas e desafios que nos torna maiores, mais fortes e mais sábios. Podemos fugir deles e ficar amargos, reclamando que a vida é dura. Ou podemos abraçá-los e nos tornar pessoas melhores. Geralmente, é no momento de nossa maior dor que nos ligamos de maneira mais íntima com quem somos de fato – e com quem devemos ser. Martin Luther King Jr. disse uma vez: "A dimensão final de um homem não é onde ele se encontra em momentos de segurança, mas onde se encontra em momentos de desafio e controvérsia".

Enquanto eu passava pelas portas do saguão, vi Julian batendo papo com os recepcionistas. Estes riam, e ele acompanhava. Só de ouvi-lo rir, comecei a rir também. O riso de Julian era tão puro e verdadeiro como o de uma criança. Eu nunca havia conhecido alguém como Julian. Ele era tão genuíno, não tinha uma fachada. Parecia o tipo de indivíduo que cada um de nós quer ser: brincalhão, amável, sábio – e destemido.

Fiquei surpreso ao vê-lo usando a túnica. Eu esperava que ele estivesse vestido de modo informal, de novo, mas adorei suas vestimentas e o esplendor que elas refletiam. Percebia que Julian tinha orgulho de vestir o traje tradicional dos sábios de Sivana. Também senti que aquelas roupas o faziam lembrar-se não só do caminho escolhido, mas também dos próprios sábios.

– Bom dia, amigo! – ele gritou, do outro lado do saguão. – Estou me divertindo com estes madrugadores aqui. Clube importante este, sabe? Nada como ter um pouco de disciplina na vida e torná-la grande e bela.

– Estou com você, Julian. Começo a me acostumar com isso.

– Ótimo – ele disse, aproximando-se e colocando o braço bronzeado a minha volta, com grande afeição. – Senti saudade, sabia?

– Eu também, Julian. Que dia nós tivemos na semana passada! Mal posso esperar para ver como será a sessão de treinamento de hoje.

– Hoje você vai aprender sobre o estágio 3 dos sete estágios para o autoconhecimento, Dar. O estágio 3 é sobre ver com novos olhos. A maioria das pessoas no planeta, meu amigo, caminha às cegas pela vida, apenas seguindo a multidão. Elas vivem uma mentira. Pensam que veem a realidade no decorrer do dia, mas apenas fazem parte daquela multidão que observa imagens falsas, porém aparentemente reais, na parede da caverna. Olhando para uma ilusão. A vida é muito mais do que elas percebem. Não precisam se trair vivendo crenças, valores e pressuposições falsos que, bem no fundo, sabem que não são apropriados para elas. Não precisam viver uma vida de total mediocridade e tédio. Podem quebrar suas correntes, aceitar sua maior vida e ver o mundo com novos olhos, olhos que veem a verdade em vez de mentiras.

– Você pode me lembrar de como se chama o estágio 3, Julian? – pedi, quando saímos do hotel e entramos num táxi.

– O estágio 3 é chamado de Percepção dos Prodígios e das Possibilidades. Quando um buscador a caminho de casa (de seu verdadeiro eu, de seu destino) sai da mentira do estágio 1 e toma a decisão de se comprometer a entrar na vida que lhe foi destinada no Ponto de Escolha do estágio 2, ele inevitavelmente alcançará o estágio 3. É nesse momento que começa a ver que há um mundo totalmente diferente lá fora, que nunca vira antes. Pense nisso. O buscador se libertou dos grilhões da multidão e está fazendo as coisas de uma maneira bem mais autêntica. Os limites não existem mais. *Ele está pronto para brincar com as possibilidades.* Ele está refletindo nos valores, crenças e comportamentos que são certos para ele, independentemente do que os outros pensam. Está sendo verdadeiro consigo mesmo. Também está mergulhando mais fundo em si próprio, olhando seus medos, suas atitudes e todos os modos como conduziu sua vida e que lhe foram ensinados como sendo os meios para o sucesso no mundo. É um momento de muitas mudanças, com certeza. Mas é também um momento de grande excitação.

– Por quê?

– Porque esse indivíduo está começando a ver a verdade. Está começando a compreender que este nosso mundo é um milagre. É um incrível universo de prodígios e possibilidades. Sim, nesse estágio o buscador está abandonando "o conhecido", o lugar onde viveu até esse momento, e entrando diretamente no desconhecido, um lugar de incerteza e mistério. E, claro, isso gera medo, porque os seres humanos sempre têm medo quando saem de sua área de conforto. Mas é só no reino do desconhecido que eles vivem as novas possibilidades. Nada novo vive no reino do conhecido, porque se vivesse não seria novo, seria? – perguntou Julian.

– Acho que entendo, Julian – respondi, vendo aonde ele chegava com aquela linha de raciocínio. – Você está dizendo que é só nesses lugares desconhecidos, estranhos, que as melhores possibilidades para a minha vida se encontram, certo?

– Exatamente. Colombo foi o primeiro europeu a ver o Novo Mundo porque estava disposto a sair dos locais que conhecia e visitar aqueles que o assustavam: terras novas, não mapeadas. Todas as descobertas e inovações são produtos de homens e mulheres que ousaram experimentar o desconhecido. Você precisa caminhar na direção de seus medos e descobrir os tesouros que o aguardam como ser humano. Ficar no mundo em que você sempre viveu é continuar pequeno e tímido.

– Entendi – eu disse, com satisfação.

– Assim, quando o buscador no caminho da iluminação sai da mentira em que vivia e passa a ter, como escolha primária, a reconquista de seu autêntico poder e da verdadeira vida, o modo como ele vê o mundo começa a mudar. Ele realmente vê o mundo com novos olhos. Vê uma experiência totalmente nova da realidade. Entra em um admirável mundo novo, rico em prodígios e novas escolhas. Sei que isso já começou a ocorrer em sua vida, Dar. E, se você continuar andando pelo caminho consciente que escolheu, ocorrerá mais ainda.

– Você pode me dar exemplos?

– Claro. Quando você passar para o estágio 3, começará a experimentar sentimentos que nunca teve antes. Ou, para ser mais exato, começará a ter sentimentos que conhecera uma vez, quando criança bem pequena, mas depois reprimiu, ao ser ensinado pelo mundo a sua volta que não era educado cantar muito alto ou brilhar demais. Você começará a sentir o tipo de alegria que traz lágrimas aos olhos e o tipo de gratidão por estar vivo em um dia ensolarado que faz o coração bater mais forte.

– Demais! – eu disse, excitado, ansioso por experimentar os prodígios de que Julian estava falando e consciente de que alguns deles já haviam começado a entrar em minha vida desde o início do treinamento.

– Você experimentará esses sentimentos em um nível totalmente novo, e devo acrescentar que começará a sentir não só os picos que não sente há anos, mas também as quedas. Sim, nesse estágio você vai sentir uma felicidade e um prazer que não sente há anos. Mas também será capaz de acessar seu poço de dor. Você vai se conhecer mais profundamente, porque vai sair da mentira que era a sua vida e acordar para a verdade. E a verdade é que você negou muito sua tristeza. Quando deixou para trás a pessoa que você era, sua verdadeira natureza, pelo processo de autotraição, uma parte sua morreu. E isso o feriu. Quando você deixou para trás seu autêntico eu e entrou neste nosso mundo, um mundo cheio de medo em vez de amor, uma grande tristeza cresceu em você. E não é só isso; o mundo também o feriu de várias maneiras. As pessoas destruíram suas esperanças. Disseram que devia agir de determinada maneira que, você sabia, não era boa para você. Ensinaram que você devia ter medo das coisas e se comportar de um modo que sua melhor parte sabia estar errado. Mas você obedeceu.

– Para ser amado e me encaixar no mundo – interferi, lembrando-me do que Julian havia me ensinado.

– Exato. Por isso, você precisa processar essa tristeza. Precisa trabalhar as feridas que vem carregando e aquelas mais antigas que infeccionaram em seu subconsciente. Assim, a faixa estreita de sentimentos que levam a maioria das pessoas a viver uma vida cinzenta, sem cor, começa a se alargar. Quando sentir mais a tristeza e a dor que você tem engolido, poderá também sentir melhor as alegrias e os prazeres da vida. Você começará a sentir-se tocado pelo nascer do sol e alegre ao ver um arco-

-íris. Perceberá que o mundo é um lugar muito mais colorido e cheio de vida do que você imaginava. Você também começará a sentir mais amor do que nunca, e não só pelas pessoas a sua volta, mas por si próprio.

– Incrível.

– No estágio 3, quando você abandona a ilusão que até agora foi a sua vida e passa a ver o mundo como ele realmente é (um lugar de extraordinária beleza), o ritmo da sincronicidade em sua vida também aumenta. Veja, meu amigo, quanto mais coragem e convicção você mostrar vivendo a vida que o universo quer para você, mais bênçãos ele lhe enviará. Ele lhe dará o sinal verde. Coisas acontecerão que o deixarão maravilhado. Pessoas aparecerão em sua vida na hora exata, quase como se fossem anjos enviados para ajudá-lo a obter tudo que você quiser. De certa forma, você se sentirá guiado por um par de mãos invisíveis, conduzindo-o à bela vida que você uma vez viveu no reino da imaginação. Seus sonhos começarão a se tornar realidade.

Enquanto o táxi rodava pelas áridas ruas da cidade, Julian tirou de algum lugar da túnica um pedaço de pano. Antes que eu dissesse uma palavra, ele o colocou gentilmente em volta de meus olhos.

– Julian, o que está acontecendo? – perguntei, numa mistura de animação e surpresa. – Não vejo nada.

– Relaxe, amigo. Há um motivo para isso. Entenda, hoje em dia a maioria das pessoas no planeta usa uma venda a vida toda. Elas andam no escuro, por assim dizer. Estão num estado de total ignorância quanto ao modo como o mundo realmente funciona e quanto ao papel delas no mundo. Essencialmente, a maioria das pessoas (e eu não desrespeito ninguém, apenas falo a verdade) vive de um jeito que poderia ser descrito como "inconscientemente incompetente".

– O que você quer dizer com isso, Julian? – perguntei, enquanto prosseguíamos com nossa viagem de táxi a um destino desconhecido.

– Bem, para aprender qualquer habilidade, seja andar de bicicleta, seja viver uma vida grandiosa, há quatro platôs pelos quais o aprendiz deve passar antes de atingir um nível de domínio. O primeiro platô ou fase inicial é a "incompetência inconsciente". Nesse ponto, o estudante não só é incompetente como não tem a menor ideia de por que é incompetente. Em outras palavras, nessa fase o estudante não sabe o que ele não sabe. Assim, usando o exemplo da bicicleta, o estudante não sabe andar com ela e não tem a menor ideia de qual conhecimento lhe falta para saber. É triste, mas muitas pessoas vivem os melhores anos da vida nesse nível de iniciante.

– Ou seja, elas passam a vida com uma venda metafórica, inconscientes de quem na verdade são e de como deveriam viver – confirmei, ainda com a venda nos olhos.

– Exato. Essas pessoas não reservam tempo para refletir como estão se conduzindo, na qualidade e na natureza das escolhas que fazem, e como precisam melhorar para viver seu melhor jogo como seres humanos na quadra da vida. Se, porém, existir a vontade de melhorar, algumas pessoas passam para a segunda fase, que é conhecida como "incompetência consciente". Nesse nível, o aprendiz ainda é incompetente quanto à habilidade, mas pelo menos se tornou consciente de que não sabe tudo que é necessário. No exemplo da bicicleta, de novo, ele ainda não sabe andar, mas sabe que precisa melhorar seu equilíbrio, segurar o guidom de determinada maneira e usar os pedais de uma forma específica para movimentar a bicicleta para frente. A percepção está crescendo. Então, quando você se conscientiza cada vez mais daquilo que não sabe, pode fazer novas escolhas. E novas (e melhores) escolhas resultam em mudanças positivas.

– E como seria uma pessoa no nível da "incompetência consciente" em relação à habilidade para viver a vida?

– Pergunta excelente – Julian comentou, enquanto o táxi acelerava. – Essa pessoa ainda estaria longe de uma posição de domínio, mas pelo menos estaria despertando para a realidade, no sentido de tornar-se profundamente ciente de tudo que não sabia e que precisava ser trabalhado. Embora ainda fosse incompetente em viver a vida, essa pessoa possuiria a percepção necessária para ver todos os erros que vinha cometendo. Por exemplo, veria todas as áreas em sua vida onde seus medos a dominavam e todos os momentos em que lhe faltava integridade. Ela veria todas as situações em que não estava sendo autêntica ou que aceitava a mediocridade em vez da magnificência. E, como a percepção precede a escolha, como as novas escolhas criam novas mudanças na vida de uma pessoa, ela estaria dando alguns enormes passos adiante. Esse tipo de mudança a levaria ao terceiro platô, que é conhecido como "competência consciente". Nesse nível, o estudante se tornou competente, mas ainda deve investir muita energia no sentido de prestar atenção no que faz; ele ainda não chegou ao nível do domínio, embora, sem dúvida, esteja indo bem. Usando a metáfora anterior, o aprendiz agora já pode manejar bem a bicicleta, porém ainda precisa prestar muita atenção no modo como segura o guidom, se equilibra e pedala.

– E como é uma pessoa na fase da "competência consciente" com relação à *vida dela*?

– Ela está indo muito bem. Tal pessoa acessou muitas das leis naturais que governam o mundo. Saiu da mentira que era sua vida e tornou-se bastante consciente de todas as suas autotraições. Abandonou a multidão e agora vive a vida a seu modo, dando atenção aos sussurros silenciosos de seu coração e às sugestões de sua consciência. Mas ainda precisa fazer suas escolhas diárias de uma maneira muito consciente e deliberada. Ainda precisa prestar bastante atenção em tudo que faz. Muitos buscadores no caminho de sua melhor vida chegam a esse lugar, e eu lhe digo: é um lugar lindo. No entanto, se você estiver disposto e for dedicado, pode alcançar um nível ainda mais alto, que é o platô da "competência inconsciente". Nesse plano elevado, o estudante chega ao nível do verdadeiro domínio da habilidade que está aprendendo. Nesse platô, o ciclista não tem de pensar em mais nada. Ele simplesmente corre até a bicicleta, monta nela e pedala pela rua, prestando muito mais atenção no vento no rosto e nos raios de sol nas costas do que no modo como ele posiciona o guidom. E um indivíduo vivendo a vida nesse nível está totalmente comprometido com o momento presente. Tem muito mais domínio do modo como vive o dia a dia. É infinitamente sábio e desperto. E isso é uma coisa maravilhosa.

Nesse momento o táxi cantou o pneu e parou, e Julian disse:

– Chegamos, meu amigo. Por favor, não tire a venda até entrarmos no prédio.

– Onde estamos?

– Uma das coisas mais importantes que você precisa fazer no estágio 3 dos sete estágios para o autoconhecimento é renunciar ao controle. Você precisa estar disposto a se soltar, a entregar tudo que conhece e entrar em uma nova realidade. Sim, isso pode ser desafiador, mas também é um dos melhores gestos que você pode fazer e lhe abrirá um universo de possibilidades e toda uma série de preciosos dons. O escritor Marcel Proust definiu isso muito bem, quando disse: "Não espere pela vida. Não anseie por ela. Esteja ciente, sempre e a cada momento, de que o milagre está aqui e agora". E. E. Cummings foi mais sucinto: "É preciso coragem para crescer e se tornar a pessoa que você verdadeiramente é".

Saímos do carro, e Julian me levou pelo braço até algum lugar, enquanto eu continuava com a venda.

– Muito bem, amigo, agora pode sair da escuridão e entrar no local dos prodígios.

Tirei a venda. Logo percebi que estávamos em uma das principais salas da galeria de arte de nossa região. Julian sorria.

– Este mês a galeria está realizando uma exposição internacional de Salvador Dalí. Eles têm algumas de suas obras mais famosas. A arte de Dalí é incrível! Já passei horas aqui, só olhando para os quadros. Trouxe você aqui para enfatizar algo que é relevante no estágio 3 da jornada do buscador. Quando você sai da mentira e escolhe despertar e seguir o caminho consciente, o estágio 3 inevitavelmente ocorre em sua vida, e você começa a ver o mundo com novos olhos, como sugeri. Esse caminho nem sempre é fácil, você sabe disso, agora. Mas é o único caminho a percorrer se você quiser viver a vida nobre que lhe foi designada. "A coragem cotidiana tem poucas testemunhas. Mas a sua não é menos nobre só porque não há rufar de tambores nem multidões gritando seu nome", escreveu Robert Louis Stevenson. A venda que antes o impedia de ver como este nosso mundo é grande, lindo e rico cairá de fato, e você verá sua vida como uma obra de arte. A arte de Salvador Dalí não é como a de nenhum outro pintor. Ele via o mundo através de lentes diferentes e, como resultado, criou obras que são admiráveis em seu poder e incomparáveis em seu impacto criativo. Quero que você continue a sair da escuridão que foi sua vida. Quero que você continue a ser "conscientemente competente" no modo como vive sua rotina, para que, um dia, chegue ao nível do domínio e do autêntico poder conhecido como "competência inconsciente". Quero que você crie uma vida que, de fato, seja considerada uma obra de arte. Você tem esse potencial. Todos nós o temos, na verdade. Tudo se resume a você querer ou não querer fazer o trabalho interior necessário para chegar lá. Torne-se o Salvador Dalí de sua vida, meu amigo, e veja como os prodígios acontecem.

Pelo resto da manhã, Julian e eu andamos pela galeria, estudando a arte e desfrutando a companhia um do outro. Julian se abriu ainda mais para mim, falando-me dos desafios pessoais que havia enfrentado como advogado e de algumas circunstâncias que o levaram a abandonar o direito e viajar para a Índia em busca de respostas às perguntas que o vinham atormentando. Ele me fez rir como eu não ria havia muito tempo, enquanto me contava algumas das histórias de guerra e aventuras em sua carreira. E fez meus olhos se encherem de lágrimas quando me disse que sua queda tão divulgada como advogado fora provocada pela morte, pouco conhecida, de sua filha única, quando um motorista bêbado colidira com o carro em que ela viajava como passageira.

– "A vida lhe trará dor, às vezes" – Julian disse, citando o famoso psicólogo Milton Erickson. – "Sua responsabilidade é criar alegria." A vida já me causou algumas quedas vertiginosas. Mas sou um sobrevivente, e nada me mantém lá embaixo. Também descobri que nada do que acontece em nossa vida tem qualquer sentido além daquele que lhe atribuímos. Dor e sofrimento vêm apenas do julgamento. Quando paramos de julgar e rotular as coisas como "positivas" ou "negativas" e simplesmente as aceitamos como oportunidades de evoluir para nosso maior eu, nossa vida se transforma. Não existe realmente uma "experiência ruim", ou uma boa. *A vida apenas é*, se você entende o que digo. A partir do modo como interpretamos e processamos as experiências de nossa vida, nós moldamos nossa realidade. Nossos pensamentos formam nosso mundo, em muitos sentidos. Vejo a vida como uma esplêndida aventura. Os momentos difíceis alimentam meu crescimento e me tornam mais sábio. As passagens fáceis me enchem de alegria e parecem ser recompensas por eu viver em alinhamento com as regras naturais do jogo. Como Peter nos disse na semana passada, a vida é curta, meu amigo, e nós precisamos dar passos diários para acessar a grandeza que reside nela. A vida é uma viagem sensacional, e eu, de minha parte, pretendo aproveitá-la.

7

O buscador recebe instrução dos mestres

Primeiro, diga a si próprio o que você gostaria de ser; depois, faça o que tiver de fazer.

– Epiteto

E se eu descobrir que o mais pobre dos mendigos e o mais desavergonhado dos delinquentes estão dentro de mim, e que necessito das esmolas de minha própria gentileza; que eu mesmo sou o inimigo que deve ser amado – o que fazer, então?

– Carl Jung

Já se passara um mês desde meu encontro com Julian na galeria de arte. Eu estava acordando cedo todos os dias e passando muito tempo em reflexão silenciosa, mergulhando fundo em mim mesmo, mais do que jamais o fizera. Tornei-me ciente de muitos dos padrões que vinha repetindo todos os anos, dos modos de pensar, sentir e agir que, antes de meu treinamento com Julian, nunca havia reconhecido. A percepção, a consciência, realmente precedia as novas escolhas. Como eu poderia escolher um jeito melhor de viver sem saber ao menos o que precisava ser melhorado? E minhas novas escolhas realmente levavam a uma nova mudança. Eu começava a ver como havia sabotado e limitado a grandeza de minha vida. Fui observar o que havia por trás de meus comportamentos e, pela primeira vez na vida, fiz um sério autoexame para encontrar a raiz desses comportamentos. Foi uma experiência tremendamente excitante para mim, pois comecei a me conhecer. Também foi um período de melancolia, pois pude ver com que frequência eu me traía.

Durante as semanas em que fiquei separado de Julian, também comecei a observar quando estava prestes a cair num daqueles antigos comportamentos derrotistas que me causavam tanta dor e sofrimento. Se no passado eu teria reagido de maneira negativa, sem pensar, agora eu fazia uma pausa antes de reagir. Era difícil acreditar em quantas vezes as pessoas ou as circunstâncias teriam me impulsionado. No passado, eu jogava a culpa por meus sentimentos e reações nas pessoas ou nas circunstâncias. Agora, graças aos sábios conselhos de Julian, eu assumia total responsabilidade pelo modo como me sentia, e compreendia que *tudo começava comigo*. Era algo fantástico de observar, e me fazia sentir muito melhor comigo mesmo. Creio que, na verdade, eu estava crescendo e me tornando cada vez mais a pessoa que estava destinado a ser.

Em um telefonema que fiz a Julian, ele confirmou que esse era, de fato, um dos sinais mais claros de crescimento pessoal. Ele também me explicou que os neurocientistas descobriram recentemente que os seres humanos têm um intervalo de 25 centésimos de segundo de oportunidade entre um estímulo e a reação correspondente, para retomar o pensamento e fazer uma escolha melhor. Ele sugeriu que nesses 25 centésimos de segundo eu poderia reformular grande parte de meu comportamento e dar nova forma a minha vida, tomando as decisões mais nobres necessárias para me levar a um estado muito mais desperto.

Quanto mais eu pensava em tudo que Julian tinha compartilhado comigo, mais começava a compreender que ele havia desenvolvido uma filosofia profundamente sábia, porém extraordinariamente prática para a conduta de uma vida linda. Sim, minhas escolhas diárias teriam um grande impacto no modo como eu viveria. Eu tinha uma responsabilidade enorme em criar o que queria. Mas o modo como o destino se desenrolaria seria o resultado de muito mais do que eu, como ser humano, poderia escolher ou controlar. Como Julian costumava me dizer, em nossas sessões, "dê o melhor de si e deixe a natureza cuidar do resto". Tudo que eu podia fazer era tentar ser a melhor pessoa possível e viver da maneira mais verdadeira, em qualquer estágio do caminho. A vida, então, assumiria o controle e me levaria aonde eu teria de ir. Eu nem sempre poderia gostar de onde estivesse, mas Julian enfatizava que eu devia acreditar que, qualquer que fosse o lugar para onde eu era guiado, seria o lugar do meu maior crescimento, da maior cura e do mais eficaz aprendizado. Havia uma ordem superior conduzindo o *show*, uma ordem que eu não tinha a possibilidade de entender dentro da percepção limitada de minha condição humana.

Eu jogava muito tênis quando era jovem, e a filosofia pessoal de Julian em relação à parceria entre destino e escolha, na medida em que os dois causam um impacto no desenrolar de nosso destino, às vezes me lembrava desse esporte. Parecia que a única coisa que eu podia controlar era o que acontecia em meu lado da quadra. Minha única obrigação era dar meu melhor saque e rebater da melhor maneira possível. Eu tinha o dever, em relação à vida, de deixar minha luz brilhar e de agir de acordo com meus sonhos. Menos que isso seria uma desonra aos dons que me haviam sido concedidos. Mas, tendo feito isso, quando a bola caísse do outro lado da quadra, eu teria de me desapegar dos resultados - e relaxar. Precisava confiar na amizade deste nosso universo infinitamente sábio. Era apenas por causa de meu medo que eu me preocupava com os resultados. Julian prometia que eu, se me livrasse do medo e confiasse no plano maior, veria que *as coisas sempre convergem para o melhor*.

Desde meu último encontro com Julian, havia um mês, eu também aprofundei minha compreensão do imperativo da responsabilidade pessoal e da noção de prestar contas. Embora entendesse que o destino havia esboçado um plano para mim, eu via, com mais clareza do que nunca, o poder que possuía de preencher as fendas apresentadas pelo destino, em cada momento do dia a dia. Se eu fosse autêntico, fizesse o que era certo, aplicasse meus talentos para criar o que eu queria e fosse atrás de meus sonhos, não tinha dúvida de que minha vida daria mais certo do que até então. "O céu ajuda aqueles que se ajudam", Julian me dissera. "Você realmente pode criar boa parte de sua sorte." Era de fato um ato de gigantesco equilíbrio, entre o poder de minhas escolhas e as mãos do destino, entre fazer as coisas acontecer e deixá-las acontecer, entre fazer e ser.

De todo o meu aprendizado, talvez o que mais tenha me marcado foi a percepção cada vez mais forte de tudo aquilo a que eu havia resistido em minha vida. Julian acreditava firmemente no "confronto constante com nossas resistências", e quanto mais eu considerava isso, mais via as coisas das quais estava fugindo. O autor Sam Keen certa vez escreveu que "nós somos pegos por aquilo de que fugimos". Palavras sábias.

Julian havia sugerido que nos encontrássemos em uma escola que pertencia ao Instituto Stone para Crianças Superdotadas. Ele marcou um horário à noite, já bem tarde, e eu estava curioso por saber o que meu ousado treinador planejara para mim nessa sessão de aprendizado. Também queria saber por quanto tempo ainda teria o privilégio de ser treinado por Julian. A mídia ainda não tinha conhecimento de que Julian estava de volta à cidade, e eu sabia que ele estava se preservando. Pelo que pude entender, ele passava o dia ajudando como voluntário no hospital onde eu conhecera Peter, comungando com Salvador Dalí na galeria de arte, trabalhando comigo no momento certo e exercitando a si próprio por meio de meditação, leitura, anotações em seu diário e reflexão paciente. Ele também me informou que passava muito tempo andando por bosques e entrando em comunhão com a natureza. Julian era realmente um homem de grande simplicidade. Ficava cada vez mais claro para mim que ele era um homem grandioso – e ponto final.

Quando entrei no prédio da escola, vi um pedaço de papel colado numa parede, com a seguinte mensagem, escrita com a letra de Julian: "A vida é uma escola do crescimento, criada idealmente para nos dar oportunidades de aprender cada uma das lições que devemos aprender no decorrer de nossa existência no planeta. Nós vivemos na Escola Terra. E um de seus professores está aguardando nossa chegada, com entusiasmo. Estou na sala 101. O programa de hoje à noite se chama *Despertando seu melhor eu*". No fim da página apareciam as seguintes letras: OMQVSF. Eu sabia que significava "o monge que vendeu sua Ferrari". Ao lado das letras havia o desenho de uma carinha sorridente.

Entrei no corredor escuro. De repente, ouvi o som de um tambor. À medida que me aproximava, fui percebendo que vinha da sala 101. Eu não tinha ideia do que me esperava. A porta estava fechada, e a batida do tambor ficava cada vez mais alta. Meu coração começou a bater com uma excitação nervosa. O que estava acontecendo do outro lado da porta?

"Visite os lugares que lhe dão medo" era uma das frases que eu me comprometera a seguir, baseado nos ensinamentos de Julian. Por isso, corajosamente abri a porta e entrei. A sala estava escura, exceto pelo brilho de centenas de minúsculas velas colocadas em um grande círculo. No centro do círculo se encontrava ninguém menos que o próprio Julian, usando sua túnica e tocando seu tambor de forma rítmica e dramática. Estava com os olhos fechados e entoava suavemente este lema: "Dentro de seu coração se encontram todas as respostas. Enfrente seus medos e você vai aprender a voar". Ele repetia isso muitas e muitas vezes. Em nenhum momento abriu os olhos. Era quase como se estivesse em transe. Fechei a porta e simplesmente fiquei lá, em pé. Depois de uns cinco minutos, Julian parou de bater no tambor. A sala estava em um silêncio completo. Ele abriu os olhos e disse, sorrindo:

– Bem-vindo, Dar! Perdoe meus métodos inortodoxos de ensinar. Como sempre, julgue pelos resultados. Você vai descobrir, com o passar do tempo, que meu processo de treinamento realizará maravilhas em sua vida. Continue confiando. Você tem sido um aluno brilhante até agora. Saiba que reconheço isso. E sei que você está atraindo para si sua melhor vida.

– Onde você quer que eu me sente, Julian? – perguntei, em estado de grande expectativa pela lição que ia receber.

– Venha para cá, no centro do Círculo da Verdade. Os índios americanos acreditam que a vida é vivida num círculo. Eles o chamam de O Círculo da Vida. No fim de nossa vida, nós retornamos ao lugar onde começamos nossa jornada. Um círculo fala de totalidade e integridade. Dentro deste círculo, hoje à noite, nós só falaremos a verdade. *Lembre-se, o propósito da vida é fazer a jornada de volta à casa, à totalidade, a um lugar de integridade, a seu autêntico eu, o eu que é destemido, onisciente e de amor ilimitado. O propósito da vida é fechar a fenda na integridade.*

– Não conheço o conceito da fenda na integridade. Deveria conhecer?

– Não, amigo. Estou apresentando esse conceito agora porque você já está pronto para ele. Desde que nos conhecemos, já falei sobre o que acontece com um ser humano quando ele nasce, o processo pelo qual perdemos a ligação com o ser que verdadeiramente somos. Nós nascemos puros e autênticos. Nascemos destemidos e com o coração bem aberto. Nascemos conhecendo as leis naturais que regem o mundo e os motivos de estarmos aqui. Mas, sei que você sabe disso, queremos agradar as pessoas a nossa volta e nos encaixar no mundo...

– A multidão que observa uma falsificação da realidade dançando na parede da caverna, em vez de uma representação correta da verdade – eu me aventurei, referindo-me à metáfora da caverna da *República*, de Platão, que Julian citara na sessão que tivemos nas cavernas Camden.

– Isso mesmo! – ele bradou, erguendo um dos punhos. – O processo pelo qual abandonamos nosso autêntico eu e nos tornamos pessoas que não somos, assumindo crenças, valores e comportamentos dos indivíduos a nossa volta, é conhecido como *aculturação*. E, quando abandonamos nosso eu verdadeiro e nos metamorfoseamos num eu social, forma-se um espaço vazio, uma fenda. Deixamos nossa natureza original para trás e assumimos a falsa máscara da personalidade. Perdemos integridade, daí a fenda na integridade. Quanto maior for a fenda entre quem somos de fato e a *persona* pública que apresentamos ao mundo, menos nossa vida dará certo. Quanto maior o abismo, menos o universo nos apoiará, pois esquecemos quem somos e não seguimos mais as regras que deveríamos seguir. Com uma fenda na integridade muito grande, teremos pouca alegria, pouca energia e uma vida pequena. Viveremos no "culto à personalidade", que não é o modo como deveríamos viver. Sua personalidade não é real. É simplesmente algo que você criou para ser apreciado, ou melhor, para ser amado. Você colocou uma máscara social por medo.

– Sério?

– Sério. Uma criancinha carente de amor é quem conduz o *show* para a maioria das pessoas. Essa criancinha tem medo de não ser amada. Ela tem medo de não se encaixar. Ela está projetando mamãe e papai em todos os outros adultos à volta dela e esperando que, se agir como eles, como a multidão, encontrará a aprovação que procura tão desesperadamente. Você está vendo por que tantos de nós têm medo de seguir o caminho da verdade? Em um nível muito profundo e geralmente não percebido, essas pessoas têm medo de não ser amadas. E todo ser humano tem um desejo primário de ser apreciado. Por isso caímos numa armadilha. Nós nos traímos, desistimos de nossos sonhos e adotamos um jeito de ser que não nos era designado.

– Isso forma uma fenda na integridade, que nos isola e limita nossa vida. E é tudo provocado pelo medo. Agora entendo por que é tão importante uma pessoa se trabalhar. Quando fazemos o trabalho interior necessário para lidar com esses medos que nos dominam, forçamos essas sombras a se expor à luz da percepção humana. E, como você mencionou, quando uma sombra vai para a luz, ela desaparece. O medo vai embora.

– Na verdade, Dar, o medo não só começa a desaparecer, mas é substituído pelo amor. Como eu lhe disse, a escuridão nada mais é que uma ausência de luz: ao projetar a luz da percepção e da compreensão humana nos recessos mais escuros de seu ser, você se torna um ser cheio de luz. Onde antes havia medo, agora haverá amor. Lembre-se do que significa ser *iluminado*: ser cheio de luz. Cada passo que você dá para fechar a fenda na integridade é um passo na direção de casa, do estado de iluminação que você verdadeiramente é. A cada gesto que você faz para ser amor quando o medo quer dominá-lo, você reconquista sua natureza original e se lembra dela. Cada coisa que você faz para apresentar seu eu maior ao mundo tem o efeito correspondente de ajudá-lo a recuperar um pouco mais do poder autêntico com o qual você nasceu. Foi por isso que eu lhe disse que toda a noção de automelhoria é absurda. A tarefa de cada ser humano não é melhorar; nós já somos a perfeição, no nível mais profundo, e você não pode melhorar a perfeição. Eu já lhe contei a história do Buda de ouro, meu amigo?

– Não, acho que não.

Julian se sentou no centro do Círculo da Verdade e cruzou as pernas. A sala parecia mística, com a luz da chama das velas. Julian parecia estar em paz, e seu olhar parecia se conectar com uma parte profunda de mim. Era quase como se ele me visse por dentro, encorajando minha parte mais nobre e real a se revelar.

– Muitos anos atrás, no Oriente, havia um grupo de monges que idolatrava uma enorme estátua de Buda. Eles rezavam para ela, meditavam em volta dela e acalentavam sua presença na vida de cada um deles. Chegou um dia em que o lugar onde eles moravam começou a enfrentar a ameaça de ataque de invasores estrangeiros. Todos os monges temiam perder a preciosa posse de sua comunidade; assim, todos começaram a pensar nos meios de protegê-la. Um deles bolou um plano simples e aparentemente eficaz: os monges trabalhariam juntos para colocar camadas de lama sobre o Buda de ouro, numa tentativa de cobri-lo e escondê-lo. E o plano funcionou: os invasores não o encontraram.

– Muito interessante.

– Mas há mais, meu amigo. Anos mais tarde, um jovem monge estava fazendo sua caminhada matutina quando viu algo reluzindo em meio à terra da montanha, por onde já havia passado tantas vezes. Ele chamou as irmãs e os irmãos monges, e eles começaram a escavar as camadas de terra. Conforme removiam cada camada, o Buda de ouro começava a aparecer. Finalmente, com todas as camadas removidas, toda a glória do Buda de ouro se mostrou. Eles estavam contemplando um tesouro inestimável.

– Grande história – reconheci.

– Bem, serve como uma poderosa metáfora para nós esta noite, nesta escola. Veja, a vida é aprender, receber educação. A cada dia, se você prestar atenção, a vida lhe ensinará as lições que você precisa aprender. O problema é que a maioria das pessoas não presta atenção. As pessoas continuam adormecidas, inconscientes. Como você sabe agora, elas permanecem no estágio 1 dos sete estágios para o autoconhecimento. Mas, quando você desperta e passa pelos estágios que o levam a reconquistar seu maior eu e o estado final de iluminação, acaba conhecendo sua natureza original. Cada dia lhe dará oportunidades de passar por mais uma camada da lama que está encobrindo o fulgor e o ouro que você é de verdade. Por isso, o modo mais básico de voltar para casa e preencher a fenda na integridade é a autodescoberta e a realização do trabalho interior de que eu vivo falando. Você precisa se empenhar em enfrentar suas resistências e examinar a si mesmo quando as frustrações ou os medos vêm à tona, em vez de culpar os outros e evitar se responsabilizar. Quando você põe a culpa nos outros pelas coisas que o enraivecem ou irritam, perde a preciosa chance de conhecer mais das sombras que o estão dominando. Perde a oportunidade de mergulhar no reino do inconsciente e trazer aquilo que se escondia ali para o reino do consciente, onde poderá ser curado e eliminado. Toda pessoa tem camadas de lama encobrindo seu autêntico eu. Alguns de nós temos mais camadas para remover que outros. Nós adquirimos essas camadas quando abandonamos nosso eu autêntico e nos juntamos à multidão.

– Esse processo é conhecido como aculturação – comentei.

– Correto. O propósito da vida é remover as camadas para que o ouro dentro de nós possa reluzir e ver a luz do dia, assim como o Buda de ouro apareceu quando os monges removeram suas camadas de lama. E o mais excitante é que *todo ato de coragem, todo ato de bondade e todo ato de autorresponsabilidade terão um efeito recompensador imediato para você: cada vez que você fizer o que sabe que é certo e seguir a verdade sua, em vez das imposições da multidão, mais um pouco da lama que encobre seu eu verdadeiro começará a sair. Cada vez que agir com amor em vez de medo, você será mais aquela pessoa que deve ser. Sempre que seguir seus sonhos e ouvir seu coração, você se lembrará um pouco mais de quem é.* É assim que você se conhece. É assim que joga seu melhor jogo. É assim que vive seu destino.

Julian fez uma pausa e, então, continuou:

– O que eu devo lhe ensinar hoje, a lição mais importante que você pode aprender na Escola Terra, é que *o propósito da vida é fechar a fenda na integridade.* Idealmente, não deveria haver uma fenda, e a pessoa que você apresenta ao mundo seria aquela que você realmente é. A pessoa que você apresenta ao mundo deveria ser um reflexo perfeito de seu autêntico eu. Não deveria haver um medo exigindo que você finja, num esforço para se encaixar no mundo e ser amado. Na situação ideal, sem a fenda, você teria tanto amor-próprio que não importaria o que os outros pensassem de você. Desde que você fosse verdadeiro consigo mesmo, tudo estaria bem. Isso, meu amigo, é o verdadeiro sucesso de um ser humano.

– Sua filosofia é profunda, Julian. Ela traz mudanças para a vida, na verdade. Que ferramentas específicas posso usar aqui na Escola Terra, como você diz, para fechar a fenda na integridade?

– Escrever um diário é um método poderoso. Ajuda-o a se conhecer e a aprofundar o relacionamento consigo mesmo. Seu diário deve ser um local que você visita e onde se autoexamina. Com a consciência que ele ajuda a despertar, você pode se comprometer a fazer melhores escolhas. Eu também mencionei a meditação e o silêncio. Passar algum tempo sozinho em silêncio, todos os dias, é uma ferramenta que o ajuda a despertar e reconquistar seu poder autêntico. Claro que, para ser bem-sucedido na Escola Terra, você precisará também de alguns bons professores. E isso nos leva, elegantemente, ao estágio 4 dos sete estágios para o autoconhecimento. Os buscadores no caminho do autoconhecimento são como viajantes saindo de um mundo velho e entrando num novo. Quando você visita um lugar pela primeira vez, precisa de guias que lhe deem direções e mostrem o caminho. O estágio 4 consiste em buscar a Instrução dos Mestres. Nesse estágio, aquele que busca recorre a professores, livros e outros tipos de recurso de aprendizado. É no estágio 4 que muitos buscadores passam horas escrevendo seu diário e leem um livro após outro. Às vezes um sentimento de pânico pode surgir. Você se sente *frustrado* e temeroso, porque seu mundo está mudando. Há tanto para aprender em tão pouco tempo! Tudo está em transição. Aprendendo de tantas fontes diferentes, você faz o papel do bom aluno. E se torna mais comprometido do que nunca em sua busca pela verdade sobre como a vida funciona e qual seu papel nela.

– Julian, é *exatamente* isso que estou vivendo. Quanto mais relaxo o controle e entro em lugares desconhecidos de minha vida, mais perguntas me surgem. Quero saber quem eu sou, de fato. Quero saber qual é o meu destino. Quero saber quais são realmente os meus valores mais profundos. Fico debatendo com as pressuposições que eu tinha acerca do mundo e tento conhecer as verdadeiras leis da natureza sobre as quais ele se fundamenta. Também ando me perguntando se existe um Deus e por que tive de sofrer como sofri. Quero saber como será minha vida de agora em diante e o que preciso fazer para viver de uma melhor maneira, mais autêntica.

– Todas essas dúvidas são muito boas. O fato de você fazer essas perguntas importantes significa que está crescendo e despertando. Está saindo da multidão e se tornando mais consciente. Por isso você questiona tudo. Ótimo! Fazer a pergunta certa geralmente é uma garantia de 90% de encontrar a resposta certa. Agindo assim, você descobre a *sua* verdade e o *seu* autêntico eu. E lembre-se: o questionamento liberta o saber que já existe em seu coração. Faça a pergunta certa e lhe prometo que a resposta virá, no momento certo.

– Como assim, no momento certo, Julian?

– Bem, uma lei natural básica é esta: *nós nunca recebemos mais do que podemos assumir*. O caminho é planejado com amor para você, e você nunca, jamais receberá mais conhecimento ou verdade do que estiver pronto para absorver. Por isso, tudo virá até você somente quando estiver preparado para receber. O estudante deve ter paciência. Mas as respostas *virão*.

Julian continuou:

– Confie que você está exatamente onde deveria estar. Está no caminho que já foi percorrido por muitas almas sábias antes de você. Sua experiência não é única. Mantenha a fé e continue mergulhando cada vez mais fundo em si próprio. Todas as respostas que você procura estão dentro de você. Sim, os livros, os professores e os seminários o ajudarão. Mas lembre-se de uma coisa: ler o livro de outra pessoa é um reflexo da realidade *dela*. Ouvir um palestrante num seminário significa que você está ouvindo a verdade e a filosofia *dele* acerca do mundo e da própria vida. Isso é bom nesse estágio da jornada. *Aprender o que os outros pensam o ajudará a compreender o que você realmente pensa.* Mas não cometa o erro de acreditar que a verdade de outra pessoa é necessariamente a sua verdade. Não seja um seguidor a esse ponto. Seja um líder. Os líderes vão aonde ninguém jamais foi e iluminam o *próprio* caminho. Toda essa aventura consiste em você ser autêntico. À medida que você alcançar estágios cada vez mais altos no caminho do autodomínio, começará a desenvolver a *sua* filosofia acerca da vida e de seu papel nela. Escolherá as verdades dos outros que mais se harmonizam com sua parte mais profunda. Integrará a sabedoria dos outros que lhe soar mais verdadeira. E terá de dispensar aquelas ideias que não lhe dizem nada ou não fazem sentido para você. Se fizer isso, você criará seu próprio e autêntico código e sua constituição para viver sua vida maior. Esta é minha definição de sucesso: viver sua vida, a seu modo. E o sucesso autêntico também envolve, a cada momento, o processo de criar a vida que você escolher. Você não vai viver a vida que outros lhe recomendaram, e sim aquela que estiver de acordo com sua verdade. Com isso, você se transformará num poder que fará de você uma força da natureza no mundo.

– Isso é mesmo fascinante, Julian. Como eu disse, é exatamente o que estou experimentando agora. Essa fome dentro de mim foi despertada. Tenho relaxado o controle, mais do que nunca, e estou plenamente ciente de minha ignorância. E o resultado é que estou lendo um livro atrás do outro. Estou procurando todas essas respostas. Acho que realmente *me tornei* um buscador.

– Sim, Dar. Você *está* se tornando consciente. Está despertando. Está procurando caminhos de volta para casa. Alguns livros ensinam a rota para a iluminação ou, pelo menos, para uma vida feliz, por meio do pensamento positivo. Outros livros lhe dizem para sair da cabeça e viver no coração. Alguns guias ainda o encorajam a se tornar um "caçador", ter centenas de metas e correr atrás do que quer. E certos livros o convidam a "estar no agora" e deixar a vida lhe mostrar gentilmente o que há reservado para você.

– Exatamente. Em quem eu devo acreditar? Tudo parece contraditório. Vivo no mundo ou escolho o caminho espiritual?

– Ah – suspirou Julian. – Essas são as perguntas que você deve fazer para encontrar a *sua* verdade. Você realmente está crescendo, e tudo isso é muito bom. Você está procurando um meio de fechar a fenda na integridade, tornar a ser quem você realmente é e se lembrar de seu autêntico eu. Por isso, está experimentando vários métodos e está aberto para ter muitos professores diferentes, e isso é perfeito – ele observou, com um sorriso confiante.

– Parece que tanta coisa está acontecendo. Começo a notar como estou longe da integridade; minha fenda dever ser enorme! Tenho a impressão de estar usando minha máscara social em todas as situações. Acho que vivi grande parte da vida simplesmente agradando as pessoas, como meus pais e os outros a minha volta. Acho que eu nem sequer sei quem sou. Você fala de ter um grande relacionamento consigo mesmo e "se conhecer" como meios de iluminação. Eu não tenho ideia de quem eu sou. E, para ser honesto, isso me deixa muito triste.

Eu sentia os olhos se encherem de lágrimas. Nunca havia experimentado tanta emoção.

– Sinta essa tristeza, Dar. Eu já mencionei isso a você antes – comentou Julian, colocando gentilmente a mão em meu ombro. – Quanto mais você puder sentir seus sentimentos, mais eles se completarão dentro de você. Os sentimentos são como tempestades: têm começo, meio e fim. E, à medida que completar cada um deles, sejam sentimentos de raiva, tristeza, ressentimento ou decepção, você atravessará aquelas camadas de lama e se lembrará do Buda de ouro dentro de você.

Julian esperou pacientemente até eu me recompor, então continuou:

- Muito bem, Dar. Se o *propósito* da vida é fechar a fenda na integridade, a pergunta passa a ser: Qual é o processo pelo qual a vida o induz a fazer isso? Como eu disse, o universo quer que você vença. A vida é criada de tal maneira que você seja programado para ser feliz e destinado a ser grandioso.

- Mas eu preciso respeitar as regras do jogo - repliquei. - E, se eu estiver adormecido e não as enxergar, ou seja, se estiver ainda no estágio 1, minha vida não dará certo de jeito nenhum.

- Ótimo! - exclamou Julian, dando-me um abraço. Ele começou a tocar o tambor novamente, primeiro com leveza, depois com amor. Eu sabia que era o jeito dele de me honrar pela sabedoria que eu estava assimilando. De repente ele parou, e a sala ficou silenciosa de novo.

- O processo pelo qual a natureza, ou o universo, ou Deus, ou a Inteligência Infinita (seja qual for o rótulo que você colocar na fonte de toda a criação) o incentiva a fechar sua fenda na integridade é conhecido como "reciclagem". Reciclagem é um termo que explica quanto a vida pode funcionar. Essencialmente, descreve o fenômeno pelo qual, à medida que avançarmos na vida, encontraremos, como se fossem enviadas, pessoas e circunstâncias que nos ensinam as lições que mais precisamos aprender naquele estágio do caminho. Digamos que a lição necessária para chegarmos a determinado ponto de nossa jornada seja a do perdão. Nesse caso, este universo perfeitamente projetado nos enviará uma pessoa, por exemplo, que nos trairá. Como sempre, podemos escolher o modo de reagir a tudo que ocorre em nossa vida. No caso dessa pessoa, se entrarmos no jogo da culpa, tipos semelhantes de "professores" aparecerão em nossa vida. Tipos semelhantes de pessoas vão provocar o processo de *reciclagem*. O único problema é que, quanto mais você resistir à lição designada, maiores serão a força, a intensidade e a dor com que ela se repetirá.

– Para conseguir minha atenção, certo?

– Sim. Lembre-se de que aquilo a que você resiste persistirá, mas o que você acolhe acabará transcendido. A natureza quer que você feche a fenda na integridade, aprenda suas lições quando passa pela Escola Terra e então, ao fazê-lo, chegue a sua casa e encontre seu lugar de autenticidade. A reciclagem ocorre para apoiar esse movimento, essa jornada ao despertar do melhor eu. Mas, se você dormir e não enxergar o processo de funcionamento da vida, ela vai bater em você com mais força. Se você prestar atenção, se acordar e viver uma vida *consciente*, assumindo responsabilidade pessoal por sua cura e seu crescimento, aprenderá a lição designada e se aproximará mais de seu verdadeiro eu. Se aceitar as lições e o aprendizado, em vez de resistir a eles, a fenda se fechará e a vida ficará melhor.

– Incrível – foi a única resposta que me veio à mente ao ouvir a visão de Julian de como a vida funciona. Percebi que, se eu culpasse os outros pelo que me provoca raiva, irritação ou ciúme, estaria resistindo a uma oportunidade de aprender a lição que me foi destinada. A lição se repetiria em minha vida com maior intensidade e sofrimento. Para mim, o ponto essencial era simplesmente este: *se eu assumisse responsabilidade pessoal por tudo que acontece dentro de mim e começasse a me conhecer e a conhecer as raízes de minhas reações negativas, poderia minimizar a reciclagem em minha vida.* Recusando-me a culpar os outros por minhas reações nada amáveis, eu poderia diminuir, de maneira significativa, as feridas em minha vida. Estaria jogando de acordo com as leis da natureza, e esta me apoiaria. Estaria desperto para *a verdade* de como a vida funciona, e a vida me daria recompensas maiores.

Julian se levantou e saiu do Círculo da Verdade, caminhando até uma lousa, no outro lado da sala de aula. Ele havia colocado uma série de velas ao lado do quadro-negro para que eu visse o que ele desenharia. Com um giz, desenhou um grande círculo e o dividiu em quadrantes. No primeiro quadrante, escreveu

"Mente". No segundo, "Corpo". No terceiro, "Emoções". E no quarto, "Espírito". Acima do círculo, escreveu as seguintes palavras: "Os quatro despertares". Então olhou para mim e continuou sua fala:

– Como já mencionei, a jornada de um líder de volta para casa, para seu autêntico eu, e que é uma jornada de *liderança*, consiste em fechar a fenda na integridade. Integridade significa totalidade. E a totalidade é expressa por um círculo. O *propósito* da vida é retornar à totalidade. O *processo* pelo qual a vida apoia esse retorno se chama reciclagem. A parte final envolve as *práticas* específicas que fecham a fenda na integridade. No estágio de instrução do caminho do autoconhecimento (estágio 4), você começa a fazer escolhas conscientes para voltar à totalidade. Há quatro dimensões de seu autêntico eu que precisam ser despertas para você se tornar uno novamente. Quando despertar essas quatro dimensões, você se lembrará de quem realmente é. Então, aqui estão esses quatro despertares – Julian disse, apontando para a lousa. – Em sua jornada para casa, você precisa despertar sua mente, *e* seu corpo, *e* suas emoções, *e* seu espírito.

– Isso é muito interessante, Julian. Venho me debatendo com essa questão. Alguns livros, como você mencionou, dizem que encontramos nossa melhor vida quando cultivamos o potencial mais alto de nossa mente. Esses autores sugerem a leitura de mais livros para aprendermos melhor a explorar a qualidade de nossos pensamentos. Eles dizem que nossos pensamentos criam a realidade e que nossa vida se transformará se mudarmos nosso jeito de pensar.

– É verdade, Dar. Mas não é o fim da história. Despertar a mente é apenas 25% do retorno à totalidade e da recuperação da integridade. Sim, você precisa despertar a mente, o que significa explorar suas crenças essenciais, suas pressuposições e seus medos. Isso pode ser feito com o aprendizado e a descoberta das verdades de outras pessoas, por meio de seus livros,

CDs e seminários. Despertar a mente (o que chamo de Primeiro Despertar) também pode ser feito por meio do diário, da reflexão paciente e do estado de silêncio. Dessa forma, você passa a prestar mais atenção no modo como vive e a se conscientizar de tudo que não sabe. O Primeiro Despertar tem a ver com acumular, conhecer, aprender e conscientizar-se das melhores escolhas disponíveis. Esse é o trabalho intelectual que precisa ser feito pelo estudante no caminho espiritual. Mas, além da mente, há outras três dimensões que devem ser despertadas para você retornar à totalidade e fechar a fenda na integridade: o corpo, as emoções e o espírito. Você precisa despertar o corpo, com certeza. Uma mente saudável sem um corpo saudável não reflete integridade. Não há totalidade nisso. Portanto, junto com o Primeiro Despertar, você precisa realizar o Segundo Despertar.

– Bem, o que posso fazer para despertar o corpo?

– Exercícios regulares, uma dieta excelente, luz do sol, massagem, ar puro, bastante água, vitaminas, suplementos, *reiki*, ioga...

– Entendi, Julian – eu disse. – Há uma série de ferramentas disponíveis, não há?

– Com certeza. O Segundo Despertar, a cura do corpo, consiste em garantir que sua dimensão física esteja em condição magnífica. E, enquanto você desperta a mente junto com o corpo, certifique-se também de despertar suas emoções. Esse é o Terceiro Despertar. É importante você processar qualquer raiva que venha carregando durante a vida toda. É importante perdoar qualquer pessoa que o tenha ferido ou magoado. O perdão é uma coisa que você faz para si mesmo, sabia?

– Não, não sabia – respondi sinceramente.

– Mas é. Quando você não perdoa alguém, é quase como se estivesse carregando essa pessoa nas costas, e isso é um fardo muito pesado. E quando a perdoa, você a solta. Pode finalmente seguir com a vida. Ela já não o está mais puxando para trás, e você se torna muito mais livre como ser humano. Mas devo lhe dizer que perdoar alguém é diferente de aprovar seu comportamento. Perdoar é simplesmente ver que as pessoas que sentem dor fazem coisas dolorosas, como expliquei antes.

– Mas é mesmo saudável não se pronunciar contra um comportamento que magoa? – perguntei.

– O que quero dizer é que você precisa ir mais fundo e enxergar a verdade por trás de seu julgamento das pessoas. Quero que você entenda que as pessoas que magoam os outros foram, elas próprias, magoadas. As pessoas que não amam a si mesmas não conseguem mostrar amor pelos outros. *E as pessoas sem autorrespeito não têm ideia de como respeitar os outros.* Lembre-se sempre disso e você será livre. Escreva em seu diário sobre essas realidades e eternas verdades, para que elas se deixem absorver em sua consciência. Dê uma voz a seus medos e eles passarão por você e se dissolverão. Lembre-se, os sentimentos são como tempestades, com começo, meio e fim. Se nós os sufocarmos, eles infeccionarão como feridas. Se prestarmos atenção neles e os trouxermos para a luz de nossa consciência, passaremos por eles e eles se completarão. E alcançaremos, então, uma saúde cada vez maior.

– E quanto ao Quarto Despertar, o do espírito? – perguntei, aproximando-me do quadro-negro e apontando para o quadrante final.

– Excelente pergunta. Quando despertamos o espírito, nutrimos nosso eu superior. Mas há interpretações diferentes disso. Para algumas pessoas, o espírito necessita de oração e conversa com Deus. Para outras, cuidar do espírito significa comungar com a natureza ou escutar música inspiradora. E para outras, ainda, o despertar do espírito significa servir, realizar trabalho voluntário e viver por uma cruzada maior que si. Seja qual for o método ou a ferramenta que você usar, lembre-se de que precisamos começar o processo de despertar *nossas quatro dimensões essenciais ao mesmo tempo.*

– Parece trabalhoso demais, Julian – comentei, com sinceridade.

– Lembre-se, uma jornada de mil quilômetros começa com um simples passo. Você não tem de fazer tudo isso em uma semana ou um mês. Certifique-se, porém, de todos os dias *fazer algo* que o desperte para quem você realmente é, por mais insignificante que esse ato pareça. Recomendo insistentemente que você faça uma promessa a si mesmo, aqui, nesta sala, de que vai usar os primeiros sessenta minutos de cada dia (sua hora sagrada) para trabalhar seus quatro despertares. Essa é uma maneira incrivelmente poderosa de você viver sua maior vida e cumprir seu destino.

– Isso eu posso fazer – prometi. – Como você me pediu, já tenho passado algum tempo, todas as manhãs, realizando meu trabalho interior. E isso faz muito sentido, Julian.

– Prometa a si mesmo, aqui, nesta sala, que você reservará um tempo, no começo de seu dia, para trabalhar as quatro áreas essenciais de sua vida interior. Pode ser escrevendo seu diário, lendo ou meditando. Você pode usar parte desse tempo para rezar e outra parte para se exercitar. Só essa estratégia já transformará sua vida, se você a adotar e integrar em seu dia a dia. Confie em mim, quando digo isso. Veja, meu amigo, se você não agir na vida, a vida agirá sozinha. Os dias viram semanas, e as semanas, meses... Quando você menos espera, sua vida acaba. Não deixe o brilhante e lindo tesouro de sua vida passar. Faça sempre escolhas que o ajudem a lembrar quem você é. Use sessenta minutos no começo de seu dia para fazer o trabalho interior necessário para se aprofundar e despertar para o Buda de ouro dentro de você. É o melhor presente que você pode se dar.

Julian voltou ao Círculo da Verdade.

– Há uma última coisa a respeito do estágio 4, o estágio da Instrução dos Mestres, que eu quero lhe passar. É uma filosofia muito sábia para você se ligar a sua mortalidade todos os dias. Lembre-se de que a vida é curta e você não sabe quando ela vai terminar. Nós dois, por exemplo, podemos partir amanhã, Dar.

O segredo é dar o melhor de si no jogo e viver suas maiores possibilidades. As pessoas sábias se lembram de que cada dia pode ser o último. Com isso, comprometem-se a amar, em vez de temer as horas.

Julian estendeu o braço para uma carteira perto dele e pegou uma elegante folha de papel. E continuou:

– Todos nós temos a escolha e a oportunidade de escrever a história de nossa vida, se quisermos. Cada dia é uma oportunidade de alterarmos o que constará em nosso obituário. A vida não precisa decidir isso por nós. Temos a escolha de, a cada momento, dar passos conscientes para fechar a fenda na integridade e reduzir a reciclagem. Podemos tomar a decisão diária de fazer alguma coisa para promover os quatro despertares. Podemos usar cada dia como um trampolim para uma vida melhor e maior. Em nossas escolhas, nosso destino *específico* é moldado. Uma das coisas mais poderosas que você pode fazer é escrever antecipadamente a história de sua vida. Ela pode não acontecer da maneira exata que você a articula, mas, como diz o velho ditado, "se você não souber para onde vai, qualquer estrada o levará lá". Prefiro ter um plano traçado a não ter plano algum. Você conhece minha filosofia: dar o melhor de si e deixar a natureza cuidar do resto. Busque o seu melhor, tenha intenções claras, vá atrás de seus sonhos e, por fim, aceite os resultados. A vida é um equilíbrio delicado entre fazer as coisas acontecer e *deixá-las* acontecer. Faça o *melhor* que você puder. Estabeleça metas e declare suas intenções, corra atrás de seus sonhos e daquilo que você quer receber da vida. Então, tenha a bravura e a sabedoria de deixar as coisas acontecer. Entregue-se a suas intenções e aceite *qualquer coisa* que vier, sabendo que é para o melhor, mesmo que a princípio não pareça. A vida é uma linda tapeçaria cujos fios são tecidos com perfeição. Às vezes não recebemos o que queremos, mas *sempre* recebemos o que precisamos. Sempre recebemos o que é melhor para nós. Essa é uma das *maiores* lições da vida.

– Então, o que você quer que eu faça?

– Quero que você escreva a história da sua vida. Quero que escreva seu obituário. Quero que novamente sonhe grande e use todo o potencial de sua vida, meu amigo. Essa é uma experiência emocionante, pode ser que seus olhos se encham de lágrimas. Mas quero que você escreva com toda a emoção e amor. Abra o coração para esse exercício.

Naquela sala, naquela noite de primavera, escrevi a história da minha vida, cercado por velas e na presença de uma pessoa amável que queria o melhor para mim. Escrevi sobre a pessoa que eu queria me tornar e a vida que queria levar. Escrevi sobre a mulher que queria encontrar e o marido que queria me tornar. Escrevi sobre a vida familiar que sempre senti que merecia. E escrevi sobre como eu queria ser em minha vida, como ser humano. Escrevi com convicção sobre os valores, as crenças autênticas e os padrões que eu seguiria. Dediquei-me, naquela noite mágica, a jogar meu melhor jogo como pessoa e a deixar brilhar a luz que eu havia descoberto em mim. As camadas que cobriam meu ouro cairiam. As correntes que me prendiam continuariam a se quebrar. Eu permaneceria no caminho da verdade e da iluminação, andando em direção à vida.

Meus olhos começaram a se encher de lágrimas. Comecei a chorar alto. Logo, estava soluçando como uma criancinha. Julian começou a chorar também, obviamente tocado por minha coragem e disposição para "visitar os lugares que me assustavam" e ir mais fundo do que jamais fora até então. Eu sentia que o coração daquele homem estava escancarado. Ele pôs os braços a minha volta e me confortou. Depois pediu permissão para ler o que eu havia escrito. Eu me senti feliz por compartilhar os anseios de meu coração.

Após ler e largar o papel, ele olhou para mim e disse simplesmente:

– Lindo! Você está no caminho de volta para casa.

8

O estudante começa a se transformar e a se recriar

Um sonhador é um indivíduo que só encontra seu caminho sob o luar, e como punição ele vê o alvorecer antes do resto do mundo.
– Oscar Wilde

Pouca dúvida, pouca iluminação. Grande dúvida, grande iluminação.
– Ditado zen

Em tempos de escuridão, o olho começa a ver.
– Theodore Roethke

Era o momento mais difícil de minha vida. Haviam-se passado seis semanas desde meu encontro com Julian na escola. Eu via agora o mundo com novos olhos, e as fundações sobre as quais meu velho mundo se erguera começavam a ruir. Boa parte do tempo eu ficava me perguntando o que estava acontecendo, e às vezes me sentia confuso. Antes de sair, no fim de nossa última sessão, Julian havia explicado que, à medida que eu fosse abandonando meu velho jeito de ver as coisas, meus *maiores* medos viriam à superfície e eu me apegaria ao conhecido, a minha velha visão de mundo. Ele disse que, como sempre, haveria muitas escolhas. Eu poderia continuar no caminho de volta para casa, para meu verdadeiro eu, ou poderia resistir a essa jornada de liderança e permanecer estagnado. Julian citou o filósofo Joseph Campbell, que dizia: "A vida heroica é viver a aventura individual. Recusar-se a ouvir o chamado é estagnação". Na parte mais profunda de meu ser, eu queria continuar avançando na jornada que se iniciara quando eu conhecera Julian no seminário motivacional, mas ela ficava cada vez mais difícil.

Eu me perguntava às vezes: E se Julian estivesse errado? E se o modo como ele enxergava o mundo e todas as suas teorias estivessem errados? E se o meu velho modo de enxergar o mundo estivesse certo, e o abandono desse paradigma familiar me levasse a um lugar desconhecido, onde minha vida ficaria ainda pior? E se todas essas crenças e pressuposições que eu tivera a vida toda – tais como "se você der demais aos outros, eles vão se aproveitar de você", ou "o único jeito de ser bem-sucedido é dominar a competição", ou "quanto mais você acumula, mais feliz você é" – fossem as verdades *reais* que governam o mundo? Talvez, se eu não obedecesse a essas crenças, minha vida se tornasse um fracasso *total*. Talvez Julian – embora bem-intencionado – fosse desequilibrado e extremo em sua filosofia.

Grande parte de meu tempo no trabalho era nebulosa. Eu vivia consumido por minha luta interior. Em momentos de clareza, percebia que talvez minha confusão se devesse ao fato de eu ter um pé ainda preso a meu velho mundo e o outro entrando no mundo novo. Eu havia achado uma citação de Aristóteles que parecia explicar os desafios que estava encontrando nessa viagem de retorno para a autenticidade de minha maior vida. Coloquei a frase no espelho do banheiro para lê-la todas as manhãs: "A beleza da alma transparece, lúcida, quando uma pessoa enfrenta com compostura um inconveniente após outro, não porque não os sinta, mas porque tem um temperamento grande e heroico".

Era assustador sair do mundo que eu conhecia e me abrir para um mundo novo, que desconhecia. Mas Julian me disse que estamos mais vivos quando entramos no desconhecido e temos a coragem de atravessar as muralhas de nosso medo. Além disso, eu tentava constantemente me lembrar do que Julian me ensinara a respeito da confusão, que ela sempre cede lugar à clareza, e que o caos acaba resultando em confiança. Eu *tinha* de confiar em Julian. Nenhum de meus amigos compreenderia o que eu estava falando esses dias, e meus colegas pensariam que eu estava enlouquecendo. Nesse período, eu me sentia sozinho e gostava de passar muito tempo em contato com a natureza. Eu saía para passear nos bosques, e isso me dava certo conforto. Sentia-me parte de um universo maior, e uma sensação de paz tomava conta de mim.

Nessa fase de intenso autoexame e transição, eu acordava no meio da noite, suando e tremendo, às vezes com uma dor aguda no coração. "Por que fui me meter nesse processo de treinamento?", eu me perguntava. As coisas eram *tão* mais fáceis antes! Vejo por que os filósofos dizem que ignorância é felicidade. Talvez eu não soubesse da verdade antes de conhecer Julian, mas havia certo conforto na ilusão de minha velha vida.

Entretanto, apesar de todos os medos gigantescos, da confusão diante de todas as dúvidas que me passavam pela cabeça e de toda a dor que vinha à tona quando eu me aprofundava mais em minha visão do mundo, eu experimentava uma nova sensação de alegria. Não acontecia com frequência, a princípio, mas eu começava a me *sentir* mais vivo do que nunca. Tudo isso ocorreu quando comecei a processar aquelas "feridas antigas" de que Julian falara e a assumir responsabilidade pelos erros que eu cometera no passado. Ao refletir em minhas experiências da infância, e também nos erros de quando adulto, as emoções e lembranças há muito esquecidas começaram a aparecer. Eu as escrevia no diário todos os dias. Também escrevia cartas para mim mesmo, como uma forma de processar os sentimentos. E, quanto mais eu experimentava esses sentimentos, mais fundo mergulhava em mim mesmo. Era realmente como se estivesse atravessando diferentes camadas, arrancando-as para chegar à verdade. Estava descobrindo quem eu era, de fato. E Julian dizia que isso era um "trabalho nobre".

Mais uma vez serei sincero: esse processo não era fácil. Mas se tornava *extremamente* estimulante, à medida que eu mergulhava mais fundo. E, como já disse, cada vez mais eu sentia uma felicidade que nunca havia experimentado antes. O local do saber, bem no fundo de meu ser, me dizia que aquilo era uma alegria *real*.

Certa manhã, eu me levantei de madrugada e vi o sol nascer. Percebi que estava chorando, deslumbrado pela beleza daquela cena natural. Em outros momentos, a música que ouvia todos os dias passava a adquirir, de repente, um caráter totalmente novo. Um sorriso me iluminava o rosto quando eu me sentia tocado por uma ópera brilhantemente composta ou inspirado por uma música popular. Meu relacionamento com as pessoas também começara a mudar. Eu via meus amigos e familiares, bem como meus colegas, através de novas lentes e sentia por eles um amor que nunca conhecera antes. As coisas que as pessoas faziam e que me irritavam no passado me incomodavam muito menos agora, pois eu sabia que elas estavam agindo daquele jeito por causa de suas feridas e seus medos. E, como Maya Angelou disse, "quando sabemos mais, fazemos melhor". Sempre que alguém fazia algo para me magoar, mesmo do modo mais ínfimo, eu me lembrava da noção de Julian de que "as pessoas que sentem dor fazem coisas dolorosas". As pessoas que têm medo fazem coisas temíveis. Elas precisam de meu perdão, não de minha raiva. Se eu não encontrasse o perdão dentro de mim, devia assumir a responsabilidade por isso e mergulhar mais fundo até conseguir acessar melhor meu coração. Em cada coisa que me incomodava em outra pessoa, havia um dom de crescimento pessoal. Em toda circunstância que me causava frustração, havia uma oportunidade soberba para eu atravessar uma de minhas camadas e, com isso, me *lembrar* mais de meu melhor eu, reconquistar um pouco mais de meu autêntico poder. A escolha era minha: *culpar ou reconquistar*.

Essa era uma nova filosofia para mim, para dizer o óbvio. Poucas pessoas no mundo de onde eu viera pensavam assim.

Mas era o certo; o local do saber dentro de mim reconhecia que, quanto mais eu adotasse esse modo de viver, melhor seria minha vida. Meus instintos me diziam que esse modo de viver era o caminho da sabedoria.

Julian havia me pedido que o encontrasse no Metro Zoo. Especificamente, sugerira que nos encontrássemos na seção conhecida como Céu das Borboletas, que era o lar de milhares de borboletas, desde as domésticas até as mais exóticas.

Enquanto eu caminhava até o local combinado, o perfume doce das flores no caminho me trazia uma sensação maravilhosa e me lembrava da beleza da vida. A vida é realmente uma bênção adorável. Frequentemente nos envolvemos tanto com o que não está dando certo na vida que não prestamos atenção nas coisas que estão. Julian havia me dito que uma das leis naturais que regem o mundo é esta: *quando você se concentra no que não quer em sua vida, acaba impedindo a entrada do que quer.* E aquilo em que você investe atenção cresce. Concentre-se no que não quer e você terá ainda mais disso. O mundo é um espelho. Como Julian me ensinou, nós recebemos da vida não o que queremos, mas quem somos como seres espirituais. Eu havia percebido, em tantos aspectos, que os prazeres espirituais da vida são os mais recompensadores. Então foi neles que comecei a me concentrar.

Olhei ao redor, procurando Julian, mas não o vi em parte alguma. Cheguei a perguntar a alguns dos guias se haviam visto um homem bonito usando túnica de monge.

– Vocês não teriam como não vê-lo – eu disse.

Eles sorriram e disseram que não tinham visto nenhuma pessoa com essa descrição. Aproveitei o tempo, enquanto esperava por Julian, para rever algumas das anotações que eu havia feito em meu diário. Descobri não só que o ato de escrever registrava os passos dessa incrível jornada que havia iniciado, mas também que a prática do diário me oferecia um veículo para eu me conhecer e tentar vislumbrar melhor o despertar que estava acontecendo em minha vida.

Escrever o diário me permitia pensar no papel e depois sair de mim e avaliar objetivamente meus pensamentos e ações. O diário me dava a chance de pensar na qualidade de meu pensamento. Se determinado modo de pensar ou me comportar não era apropriado para a vida que eu estava decidido a criar, eu podia fazer novas escolhas que fossem mais sintonizadas com a pessoa que eu queria ser para encontrar autoexpressão e, nas palavras de Julian, ter uma conversa comigo mesmo. Esse ponto era muito importante: se não conversarmos com nós mesmos, como podemos nos conhecer? E, quanto mais profundamente nos conhecermos, mais poderemos fazer escolhas autênticas na jornada de volta para nossa essência, o lugar onde sempre quisemos estar. Nos templos greco-romanos do passado, acima da entrada, viam-se as seguintes palavras: "Conhece-te a ti mesmo e conhecerás o universo e os deuses". Agora isso fazia mais sentido para mim do que qualquer outra coisa.

Eu me levantei e continuei procurando por Julian, mas dez minutos se passaram e nenhum sinal dele. De repente, ouvi uma batida forte vindo da direção dos salões de vidro onde ficavam as borboletas raras. Olhei e mal pude crer em meus olhos. Julian nunca parava de me surpreender! Ele estava dentro do salão, coberto por centenas das mais deslumbrantes borboletas que eu já vira. Havia tantas cores e tanta vida! Ele ainda usava a túnica vermelha e as sandálias. Mas, dessa vez, Julian usava também um daqueles chapéus que os funcionários de zoológico usam, com uma rede cobrindo o rosto. Estava rindo e gritou para mim, através do vidro:

– Entre aqui, amigo! A lição de hoje é grande! E sei que você está pronto para aprendê-la. Há um chapéu assim para você, do lado de fora da porta. Providenciei tudo com o zoológico.

Fui até a porta e coloquei o chapéu com rede, como instruíra meu excêntrico, porém altamente eficaz, treinador. Entrei no salão e fiquei perplexo ante o milagre da natureza que aquelas borboletas personificavam. Talvez o mundo seja perfeito e tudo que acontece esteja de acordo com um plano vasto e inteligente. Nós buscamos compreender o enredo de nossa vida, mas talvez estejamos tentando entender algo que foi criado por uma inteligência maior que a razão humana. Talvez haja uma perfeição para *cada* uma de nossas vidas, perfeição esta que não notaremos se olharmos pelas lentes do julgamento e do medo. Sim, nossas escolhas contam. Sim, as ações têm consequências. Sim, nós temos muito poder para esculpir nosso destino. Mas há uma força muito mais poderosa em ação e no controle.

Julian parecia uma criança, brincando com as borboletas, revelando uma sensação de deslumbramento e alegria. Ele estava rindo e batendo palmas quando se levantou e começou a caminhar pelo salão, seguido pelas borboletas. Em seguida acenou, como que as mandando embora, e elas pareciam seguir suas instruções. Ele se aproximou de mim.

– Como vai, meu amigo? – perguntou, feliz, abraçando-me, com algumas borboletas ainda pousadas no ombro.

– Bem, já tive semanas melhores – respondi, falando a verdade. – Tanta coisa está surgindo. Às vezes não sei se estou indo ou vindo, Julian. Estou sentindo muita dor. Nunca pensei que esse caminho do autoconhecimento envolvesse tanto sofrimento.

– É tudo parte do processo de sete estágios, Dar. Esse caminho requer imensa coragem. Você está aprendendo isso em primeira mão, que é a melhor forma de aprendizado. Nenhum livro jamais chegaria perto de lhe ensinar o que só a vida pode ensinar, se você a viver com os olhos abertos e estiver acordado para as lições dela. Arriscar é viver, meu amigo. Nós arriscamos pouco, achando que é um jeito seguro de viver, quando na verdade é o mais inseguro. Isso faz parte da ilusão.

– Concordo, Julian. Neale Donald Walsh disse: "Você tem tanto medo de viver, tanto medo da própria vida, que desistiu da própria natureza de seu ser em troca de segurança".

– Lindo – comentou Julian. – Essa eu nunca tinha ouvido.

Ele fechou os olhos, em aparente contemplação, absorvendo o que eu havia dito. Julian era um ótimo ouvinte. Eu adorava estar com ele. Ele me fazia sentir especial. Então, apontando para um casulo, disse:

– Dê uma olhada! Richard Bach escreveu certa vez que "o que a crisálida vê como o fim do mundo, o mestre vê como borboleta".

Tais palavras falavam diretamente a minha alma. Eu *sentia* que elas estavam certas.

Julian continuou:

– Você está passando por uma metamorfose. Está experimentando uma transformação profunda. Você viveu a vida como uma grande mentira. Traiu-se e viveu de maneira inautêntica, simplesmente para pertencer à multidão. Suas escolhas e sua conduta eram baseadas numa ilusão. Lembra-se daquelas imagens falsas que pareciam reais, na parede da caverna?

– Como eu poderia esquecer, Julian? – respondi.

– Você deve se lembrar de que o estágio 2 envolve uma escolha básica: continuar adormecido e pequeno ou embarcar em uma jornada consciente para a iluminação e para seu maior eu. Se escolher a segunda opção, o buscador passa para o estágio 3, em que vê toda uma nova realidade começando a se desdobrar. No estágio 4, quando ele anseia pelas respostas oferecidas pelos mestres para o que está acontecendo com ele, o buscador procura um entendimento mais verdadeiro do mundo que existe além da ilusão. Isso nos leva ao estágio 5, o estágio da Transformação e Renascimento. É um momento muito difícil para o buscador, porque é hora de uma transição *profunda*. É também o momento mais excitante e importante de sua vida. O crescimento às vezes vem de maneiras difíceis. Mas ele é sempre bom. "O caminho para seus sonhos só pode ser encontrado com um pé na eternidade e o outro no chão instável", como define o célebre pensador Rick Tarquinio.

Julian prosseguiu:

– Eu sei como você deve estar confuso estes dias. Entendo a dor que você está sentindo. *Há* um sofrimento envolvido na caminhada, e não quero desprezar o que você está passando. Mas devo lhe dizer que, se você pudesse olhar para sua vida do alto, de uma perspectiva de 150 metros de altura, *tudo* que está acontecendo pareceria maravilhoso.

– Maravilhoso? Eu nunca sofri tanto na vida. Nunca estive tão confuso. Minha vida parece estar entrando no caos em vez de chegar a um lugar melhor.

– É apenas a sua percepção agora – comentou Julian. – Seus olhos humanos veem confusão e caos. Mas você está no processo de ganhar nova visão. E, quando a tiver, verá que tudo que está acontecendo com você é parte do processo de desapego de seu velho paradigma para a vida. Tudo que lhe está ocorrendo é um reflexo do fato de você estar passando por um momento de grande crescimento. Você está se desapegando de tudo que conhece e de todos os modos de ver e se comportar que governavam sua vida até agora. E, quando se desapega e se esvazia de tudo que você foi, você abre espaço em sua vida para a entrada de coisas novas. Abre espaço para uma nova consciência e um novo meio de atuar e de ser. Sim, às vezes é complicado. Como poderia não ser? As próprias fundações sobre as quais você viveu sua vida estão sendo desafiadas e, depois, demolidas. Mas confie em mim quando digo que isso é o melhor que poderia lhe acontecer. Sua mente está despertando, seu coração está se abrindo, suas emoções estão se curando e seu espírito está alçando voo. Você está reconquistando seu poder autêntico, que é muito diferente do poder externo que vem com grandes títulos, gordas contas bancárias e escritórios no alto de um arranha-céu. Essas coisas vêm e vão com a maré da vida. E, quando você for embora, esse poder também vai. Mas ninguém pode tirar de você seu poder autêntico, Dar. Você o conquista e, então, o possui para sempre. Tudo isso *é* maravilhoso. Você está abrindo mão do controle que antes dominava seu dia a dia. Como uma crisálida que sai do casulo, você está passando pela escuridão e se tornando algo novo. E, sim, está escuro nesse casulo, e às vezes parece que não há saída. Mas, na verdade, a crisálida está se transformando em borboleta. A estagnação está se transformando em liberdade. Assim é a mudança profunda, e eu o entendo quando você diz que não é agradável. Nesse estágio de sua jornada como buscador, é quase como se todo o governo interior que antes mandava em sua vida estivesse sendo deposto e substituído por um novo regime. Há uma revolução em andamento. Novas crenças estão se formando. Novas suposições de como o mundo funciona estão se desenvolvendo. Os medos estão sendo enfrentados e transcendidos. Está havendo um maior compromisso com a autenticidade pessoal. Você vê como isso é incrível? Tente não resistir ao que está acontecendo. Você está destinado a um lugar maravilhoso, meu amigo. As fases de transição de nossa vida são os momentos mais valiosos dela. Você está caminhando na direção da luz. A escuridão vai passar. A borboleta vai surgir.

– Verdade? – não pude deixar de perguntar.

– As leis da natureza explicam as leis da vida – respondeu Julian. – Você sabe disso. Uma crisálida não pode ficar no casulo para sempre. *Deve* surgir uma borboleta *quando for o momento certo*. Apenas confie no tempo da natureza, que não está no mesmo relógio que o seu. Lembre-se disso sempre. Sua dor vai passar, sempre passa. Como disse Carl Jung, "não se chega à consciência sem a dor". De novo, relaxe o controle e perceba que há um padrão mais alto se desenrolando. E é bom.

– Como você sabe que é assim?

– Porque eu segui esse caminho para o autoconhecimento em minha vida. Lembre-se do que T. S. Eliot dizia: "Só aqueles que se arriscam a ir longe demais descobrem quão longe conseguem ir". Você está passando pelo que os místicos chamam de "a noite escura da alma". Sei que você está questionando tudo.

Isso é bom. Questionar tudo significa que você não está mais aceitando como verdade o *status quo*. Você não é mais uma ovelha seguindo o rebanho. Está acordando e crescendo. Isso é o que fazem os líderes. Eles saem de uma vez por todas da multidão e criam caminhos próprios. Mahatma Gandhi não seguiu a multidão. Ele criou sua visão original e, então, teve coragem de sustentá-la. Helen Keller, Amelia Earhart, Madre Teresa, Martin Luther King Jr. e todos os outros líderes (de líderes de nações a líderes nas artes, como Salvador Dalí e Picasso) fizeram a mesma coisa. Dalí não tentou mais ser como Rembrandt ou Michelangelo. Ele viveu de acordo com sua imaginação e teve a bravura de extravasar no mundo o fervor criativo imbuído em seu coração.

– É verdade, mesmo – admiti, deixando duas borboletas pousarem em minha mão.

– Você não está mais vivendo para agradar os outros e se encaixar no mundo por medo de ser abandonado. Pelo contrário, está entrando em seu coração e começando a liberar mais amor no mundo, mostrando-se como um ser humano pleno. Está de fato reconquistando sua autenticidade. Está se transformando em uma borboleta e recuperando sua liberdade. Estou muito feliz por você. Mas esse processo provoca dor.

Julian prosseguiu, com outra metáfora apropriada:

– Quando um bebê está para nascer, há uma dor tremenda. Mas nem o bebê nem a mãe desistem. Eles persistem durante toda a fase de transição, sabendo que o resultado será um milagre. Você *vai* viver um milagre se estiver disposto a isso e se continuar escolhendo certo. Como seres humanos, nós sempre temos escolha. Cada um de nós tem muito mais escolhas do que imagina. Pensamos que somos tão limitados na vida que *temos* de fazer o que comumente fazemos. Essas são as palavras que as vítimas costumam usar. Mas *sempre* depende de você decidir até que ponto no caminho do eu social para o eu autêntico você quer ir. Algumas pessoas nunca seguem o caminho consciente e permanecem adormecidas a vida toda. Outras dão alguns passos na direção de casa e se lembram parcialmente de quem são. E alguns poucos homens e mulheres seguem o caminho completo de volta para casa e se lembram completamente de quem são. Essas almas corajosas reconquistaram seu poder autêntico, um poder que cada um de nós tem dentro de si, e elas são conhecidas no mundo como "seres iluminados". São os verdadeiros líderes do planeta, os gigantes espirituais, se você preferir. A dor que você está sentindo agora se deve ao fato de que você está nascendo. Na verdade, você está experimentando um renascimento, e um ser totalmente novo emergirá na hora certa. Este universo é muito mais inteligente do que imaginamos, com certeza. Há uma coerência brilhante que permeia nossa vida. Quanto menos tentarmos forçar os resultados, quanto mais seguirmos o fluxo, mais se revelará a magia que é nossa vida. Tentar fazer tudo e forçar resultados, sem equilibrá-los com uma disposição para deixar as coisas acontecer, é uma forma de controle. Conscientize-se de que você está passando por um período de transformação e viva esse momento. Tome a decisão de aproveitar e apreciar essa fase, bem como o lugar aonde ela o levará. Simplesmente a experimente, sem rotulá-la de ruim. Liberte-se dos julgamentos, eles são apenas parte da ilusão. Não são reais. A multidão lhe ensinou que isso ou aquilo é "ruim". Tenha fé. Sinta os sentimentos que surgirem e processe-os até se completarem. Na passagem do tempo, você olhará para trás e verá isso como o *momento decisivo* de toda a sua vida.

Julian, então, tirou um livro bastante usado de sua mochila e disse:

– Veja isto. São poemas de Rumi. Eu os adoro. – Ele abriu uma página e leu: – *"Eu vi o sofrimento bebendo um cálice de tristeza e gritei: 'É doce, não é?' 'Ah, você me pegou', respondeu o sofrimento, 'e atrapalhou os meus negócios. Como eu posso vender a tristeza quando você sabe que ela é uma bênção?'"* Sua tristeza, na verdade, é uma bênção. Ela o está moldando e despertando. Por favor, lembre-se disso enquanto passa pelo estágio 5.

– Bem, como eu chego a esse estágio, Julian? Preciso ser sincero com você, estou com vontade de desistir. Não sei mais a quem dar ouvidos. Meus amigos e colegas vêm de um mundo diferente. Parte de mim sabe que eles pertencem à multidão, e suas crenças se baseiam numa ilusão. Mas é *tão* difícil desconsiderar o que eles me dizem. Quero dizer que é duro, às vezes, me lembrar de que o modo como eu via o mundo é uma mentira e que existe um modo totalmente novo e mais verdadeiro de viver como ser humano. Sinto-me dividido entre dois mundos. Às vezes me pego questionando se tudo que você me diz é verdadeiro. Não questiono sua honestidade e integridade, de jeito nenhum. Não é isso que estou dizendo, Julian. Só fico me perguntando: E se você estiver errado? E se eu estiver piorando a minha vida e criando mais complexidade para mim mesmo?

– Excelente trabalho, Dar. Quanto mais você puder dar voz a seu medo, mais fácil será processá-lo. Quanto mais você conseguir falar sobre isso, mais fácil será trazer as sombras ocultas para a luz, onde podem ser examinadas e dissipadas. Obrigado por me dizer sua verdade; são poucos os que dizem. Lembre-se, falar do medo e trazê-lo para o espaço aberto é como convidar o monstro que vive no porão para subir até a cozinha e tomar um chá com você. O monstro começa a se dissipar quando se defronta com a luz de sua consciência. Aquilo que antes estava escondido no reino do subconsciente agora entra na área da mente consciente, onde você pode examiná-lo e avaliá-lo, fazendo escolhas em torno disso, se quiser. A maioria dos medos nada mais é que uma ilusão. Você sabe disso agora. Entretanto, eles governam nossa vida. Deixam-nos pequenos. Deixam-nos acorrentados e enchem nossa vida de limitação, em vez de possibilidade. Só peço agora que você continue confiando em mim. *A hora mais escura é sempre antes do amanhecer. Chega um momento na vida de todos em que é preciso jogar de forma ousada e correr riscos. Chega um momento em que todo buscador, no fundo do coração, sabe que, se recusar-se a correr riscos, ficará limitado a uma vida de mediocridade. Mas, se enfrentar o obstáculo, embora isso envolva muito medo e grande coragem, poderá viajar para uma terra totalmente nova. Uma terra de potencial, felicidade e liberdade. Mergulhe fundo e escute sua voz interior. E confie na orientação dela. "A vida encolhe ou se expande na proporção de sua coragem"*, escreveu Anaïs Nin.

– Sabe de uma coisa, Julian? Estou ouvindo alguma espécie de voz interior que fala cada vez mais alto dentro de mim estes dias. É outra coisa que está mudando. Antes eu estava simplesmente sendo guiado por sua sabedoria. Foi seu treinamento que me levou a esse ponto. É quase como se eu não conseguisse acessar minha sabedoria interior e minha verdade pessoal. Mas isso começa a mudar, agora que penso a respeito.

– Muito bem exposto, Dar. E esse é outro motivo por que você deve continuar tendo conversas, não só consigo mesmo, mas também com outras pessoas que estão no mesmo caminho que você. E há muitas delas hoje em dia. Como mencionei antes, a conversa aprofunda a convicção. Quanto mais você puder conversar sobre o que quer se tornar, mais poderá se dedicar a dar os passos necessários.

Julian começou a brincar com as borboletas. A criança dentro dele estava claramente viva e bem. As borboletas pareciam amá-lo, pousando em seus braços e ombros. Eu me juntei à brincadeira. Parecíamos duas crianças num pátio de escola, vivendo o momento, cheios de vida, livres de qualquer constrangimento ou inibição. Talvez eu tenha levado a vida muito a sério, no passado. Eu saberia qual era a verdade, se refletisse mais profundamente. Sentia-a em meu corpo, bem no âmago. A tagarelice em minha mente é que me dizia o contrário. Mas Julian tinha razão: com frequência, essa tagarelice nada mais é que a voz do medo. A cabeça é limitadora, o coração é libertador. Mais do que nunca, eu queria jogar como um líder em minha vida. Queria estar plenamente presente e apostar alto no restante de meus dias. Queria me livrar das limitações e embarcar na viagem para casa. Queria reconquistar, recuperar e lembrar a pessoa que eu era de fato, por baixo de todas as camadas que se acumularam à medida que fui me apegando às limitantes crenças, pressuposições e medos do mundo a minha volta. Minha grandeza *estava* emergindo.

Nós temos medo de quem somos de verdade. Temos medo de nossa luz. Temos medo de nosso brilho. Temos medo de nossas maiores possibilidades. Temos medo de ficar de pé e deixar nossa luz iluminar o mundo. Com grandes dons vêm grandes responsabilidades. Meu palpite é que a maioria dos seres humanos não quer ver os próprios dons porque não quer lidar com a responsabilidade que eles apresentam: a responsabilidade de viver sem medo e fazer diferença no mundo. Com isso, as pessoas se afastam de sua grandeza. Jurei não deixar isso acontecer comigo.

Nos dias após meu encontro com Julian no zoológico, cada vez mais peças começavam a se encaixar. As coisas começavam a fazer mais sentido. *Era preciso paciência nessa jornada rumo à verdade e ao autoconhecimento.* Se tudo que eu quisesse saber e tudo que eu desejasse encontrar em minha vida acontecesse imediatamente, creio que nada sobraria para a jornada. O motivo de estarmos vivos, eu percebia, é passar a vida procurando o caminho de volta para casa. E é uma *jornada.* Mas muitas respostas começavam a aparecer. Eu observava que elas apareciam somente quando eu estava pronto para aceitá-las. Dúvidas que me assaltavam pareciam ser respondidas de forma quase orgânica. Quanto mais trabalho interior eu fazia, mais soluções e crescimento recebia. Quanto mais fundo eu mergulhava em meu ser, mais o meu mundo exterior mudava.

Em meu velho mundo, eu achava que o caminho para a salvação e a felicidade era focar os elementos externos. Ou seja, eu acreditava que um carro mais caro ou um terno mais moderno e elegante me fariam sentir melhor por dentro. Mas, quanto mais tempo eu passava com Julian, mais aprendia que a felicidade é um trabalho interior. Ela não consiste em correr atrás de mais valor líquido; consiste, isto sim, em cultivar um valor próprio maior. A felicidade não significa ter mais dinheiro, e sim encontrar mais sentido. E não consiste apenas em ser bem-sucedido, mas em ser verdadeiramente significativo – um indivíduo que cria um valor perene no mundo. De repente, tudo agora parecia fluir naturalmente, como se houvesse uma inteligência superior me guiando. Antes, eu sempre lutara contra a vida: era uma questão de controle. Agora, eu começava a viver de modo diferente: deixava a vida me conduzir. E isso não quer dizer que eu não agia de maneira responsável. Tudo na vida *é* um equilíbrio delicado. Eu ainda definia minhas metas, realizava a ação necessária, agia de forma prática. Mas, em vez de resistir à vida, eu relaxava. Entregava-me mais. *Dava o melhor de mim e deixava a vida cuidar do resto.* Se, após eu ter feito o melhor possível, alguma coisa ainda não desse certo, eu sentia, então, que simplesmente não era para acontecer. E algo mais perfeito para minha evolução pessoal se apresentaria. Quando uma porta se fecha, outra sempre se abre, e todo fim é também um novo começo.

Comecei a alcançar um equilíbrio entre fazer as coisas acontecer e deixá-las acontecer. Comecei a equilibrar o fazer com o ser, o uso da mente com a escuta do coração, a razão com a paixão. No fim das contas, creio que estava começando a equilibrar a terra com o céu.

9

O buscador é testado

Se há alguma coisa grande em você, ela não aparecerá logo que você a chamar. Não aparecerá nem virá a você facilmente, sem um pouco de trabalho e de esforço.

– Ralph Waldo Emerson

Nas quatro semanas desde minha visita ao zoológico com Julian, muitas bênçãos aconteceram em minha vida. O relacionamento com meus filhos, que eu via toda semana, estava mais aberto e amoroso. Eu começava a ouvi-los em um nível que nunca alcançara antes de conhecer Julian, e o vínculo amoroso entre eles e mim crescia exponencialmente. Eles me diziam que eu estava muito mais tranquilo, atencioso e brincalhão do que jamais tinham visto. Eu finalmente estava me tornando o pai que sempre quis ser.

Ao mesmo tempo, fui a uma palestra sobre autodescoberta e transformação pessoal certa noite, na biblioteca da vizinhança, e conheci Sasha, uma adorável e inteligente quiroprática. Apaixonei-me por ela. Nunca pensei que me sentiria assim por uma mulher. Ela era tão calma e equilibrada, tão sábia, amável e engraçada. Logo que a conheci, eu sabia que estávamos destinados a passar o resto de nossos dias juntos. Era apenas uma sensação que eu tinha – e que pretendia observar dali em diante.

Graças ao treinamento de Julian, bem como ao seu conceito de "hora sagrada", meu mundo interior foi recriado. Para avançar no Primeiro Despertar, eu lia muitos livros, a fim de desenvolver e refinar minha base de sabedoria. Também escrevia no diário todos os dias, refinando a filosofia de vida que pretendia seguir. Eu tinha decidido, graças aos conselhos de Julian, pensar por mim em vez de seguir os pensamentos dos outros. Eu me recusava terminantemente a viver a vida de outro – a vida que a multidão me encorajava a viver. Mas, como o despertar da mente é apenas 25% do que é necessário para se retornar à totalidade e fechar a fenda na integridade, eu também me dedicava a cuidar do corpo, curar minhas emoções e alimentar meu espírito. Quatro vezes por semana eu frequentava aulas de ioga. Três vezes por semana eu reservava algum tempo para considerar meu eu emocional e processar qualquer raiva reprimida ou qualquer tristeza latente que estivesse guardada, para que ela não afetasse sutilmente meu modo de pensar, sentir e me comportar. E todos os dias eu me sentava no jardim durante uma parte de minha hora sagrada, sentindo o cheiro das rosas e os raios do sol em meu rosto. E, claro, sempre cumpria meu compromisso de permanecer verdadeiro comigo mesmo e viver segundo os valores que me eram autênticos, em vez de ser arrastado pela multidão na linha de frente de minha consciência.

Pode parecer que eu despendia muito tempo e energia no despertar de minha vida maior. Na verdade, o tempo que eu passava com meu trabalho interior era emprestado de todo o tempo que gastaria em minha encarnação anterior, envolvendo-me em várias distrações, desde assistir à televisão até dormir demais. Também me ficou muito claro que eu passava tanto tempo fazendo tais coisas porque, em um nível subconsciente profundo, eu sentia dor. Estava sofrendo com o fato de ter me traído por não viver a vida extraordinária, linda e plena à qual estava destinado. Até começar a me conhecer e aumentar minha percepção do que realmente estava acontecendo dentro de mim, eu não tinha ideia de por que vivia daquele jeito. Apenas seguia a multidão e não pensava muito nisso. Estava embaraçado na mentira. Eu ficara aprisionado numa ilusão, e isso estava me matando.

Albert Einstein disse: "Quantas pessoas estão presas em seus hábitos diários: em parte amortecidas, em parte assustadas, em parte indiferentes? Para termos uma vida melhor, precisamos escolher sempre o modo como estamos vivendo".

A vida se tornara uma alegria. Eu tinha mais energia do que nunca. Meus amigos me diziam que eu parecia dez anos mais jovem. Eu me sentia mais ligado a outras pessoas. Minha confiança e o desejo de ser um ótimo ser humano explodiam. E meus negócios iam de vento em popa. Acho que é verdade aquilo que Julian costumava me dizer: "Nós atraímos para nossa vida não o que queremos, mas quem somos". À medida que eu me tornava mais amável, sábio e autêntico, este nosso universo infinitamente inteligente se abria para mim e me oferecia o vento sob minhas asas.

Julian me deu seu exemplar pessoal de *The Saint, The Surfer and The CEO*, o livro que eu vira em seu quarto no The Q. O livro conta a história de um homem e sua odisseia para descobrir sua vida maior, e gira em torno de três professores especiais que ensinam lições poderosas para ajudá-lo a realizar sua transformação. Era uma leitura maravilhosa e inspiradora, e eu adorava as citações que ela trazia. E percebo por que foi tão importante para Julian, também. Quase no fim, uma citação específica se tornou uma afirmação diária para mim nesse período de minha vida. Eu a colei no espelho do banheiro, ao lado da citação de Aristóteles que já mencionei, e a lia em voz alta todas as manhãs. As palavras eram de Henri-Frédéric Amiel: "O processo da vida deveria ser o nascimento de uma alma. Essa é a maior alquimia, e justifica nossa presença na terra. Esse é nosso chamado e nossa virtude".

Alguns dos outros livros que li durante esse período e que me incentivaram a continuar escavando mais fundo e brilhando com mais luz no mundo foram *Hope for the Flowers*, de Trina Paulus, *Sidarta*, de Hermann Hesse, *Sincronicidade*, de Joseph Jaworski, *Cestas sagradas*, de Phil Jackson, e um livro pequeno e maravilhoso sobre a importância de nunca desistir, chamado *O empreendedor*, de Peter B. Kyne. Eu nunca havia compreendido tão bem o poder que os grandes livros têm de me apresentar ao meu melhor eu.

Nesse período de grande introspecção e crescimento pessoal, eu também dedicava muito tempo a entender plenamente o processo que Julian vinha me ensinando. Compreendi que os sete estágios para o autoconhecimento representavam um modelo elegante do caminho que todo buscador tem de percorrer para chegar em casa e encontrar seu eu essencial. Ele reunia muitos pensamentos de diferentes culturas e de diversos místicos quanto ao porquê de estarmos aqui e como nossa vida opera em uma estrutura simples, fácil de entender. A jornada que Julian havia descrito era a viagem para casa, para encontrar a verdade e a iluminação, duas metas que os seres humanos têm alcançado desde o surgimento das espécies. Eu também compreendi que, embora Julian já estivesse me encaminhando pelo processo no decorrer de alguns meses e criasse cenários que me ajudavam a entender no que consistia cada estágio, eu experimentaria *naturalmente* cada um dos sete estágios em minha vida, desde que estivesse disposto e me dedicasse a percorrer essa estrada do autoconhecimento e da autenticidade. Uma vez ele disse: "O processo dos sete estágios para o autoconhecimento é aquele que todo buscador deve experimentar quando retorna para o lugar onde seu coração sempre quis que ele estivesse". E Julian explicou que a jornada poderia, em vez de durar apenas alguns meses, levar a vida toda para se completar. Na verdade, nem todo mundo que embarca no caminho para casa chega ao destino. A maioria não chega. Mas cada dia nos oferece a oportunidade de dar um passo mais perto do ideal e de nos tornar mais aquela pessoa que queremos ser. Cada dia no caminho traz bênçãos maiores e mais poder pessoal. Cada momento na jornada consciente permite que nosso Buda de ouro, por baixo das camadas que o encobrem, brilhe mais através da lama de nossos medos, das crenças limitantes e das falsas pressuposições. Julian havia simplesmente colapsado o processo para me ajudar a entendê-lo mais depressa. Ele estava tentando me oferecer uma estrutura clara e poderosa que explicasse o caminho espiritual. Estava tentando me dar o máximo de valor que podia e me ajudar o quanto conseguisse no pouco tempo que ele tinha.

Compreendi que havia muitas pessoas no mundo que Julian queria servir, e sabia que ele precisaria ir atrás de seu próximo serviço. Com frequência eu lhe expressava minha gratidão por me encontrar e ajudar a transformar minha vida, o que sem dúvida ele havia feito. Ele fora um amigo leal de meu pai, e eu lhe dizia isso várias vezes – e ele ficava feliz quando eu dizia. "A amizade é uma coisa incrivelmente importante para mim, Dar. Eu valorizo – e amo – meus amigos. Seu pai era um homem maravilhoso. É um prazer ajudar você do único jeito que sei."

Recentemente Julian me disse que queria se envolver no movimento pela paz global e estava explorando meios de ser útil nessa área. Vários líderes políticos estavam se tornando cientes do trabalho dele, à medida que a mensagem de Julian se espalhava, e ele dizia que apreciava a chance de ajudar o quanto pudesse. Ele sentia fortemente que sua sabedoria e sua filosofia poderiam reduzir o conflito em muitos dos locais mais inflamados do mundo, como o Oriente Médio e a Irlanda do Norte, para citar apenas dois. Concordei, e mal podia esperar pelo dia em que Julian ganharia destaque mundial como estadista, mostrando aos presidentes e primeiros-ministros que, se eles abrissem o coração e reconquistassem seu melhor eu, essa seria a verdadeira chave para acabar com as guerras. Dessa forma eles desenvolveriam alianças do tipo "ganhar/ganhar", em que ninguém perde, e fariam do mundo um lugar melhor, mais repleto de paz. "Para eliminarmos o ódio no mundo, precisamos antes eliminar qualquer ódio que carregamos dentro de nós", Julian me disse uma noite, enquanto conversávamos ao telefone. Eu sabia que ele colocaria até a própria vida em risco para defender essa verdade.

Julian também me contou que um produtor de cinema conseguira, de alguma forma, localizá-lo alguns meses atrás. Coisas grandiosas estavam se desenrolando para Julian. Eu sabia que ele não procurava chamar a atenção e que agia desse modo com as mais puras intenções. Mas eu ficava feliz ao vê-lo receber ao menos um pouco do reconhecimento que merecia. Ele era um evangelista, no mais verdadeiro sentido da palavra: espalhava boas notícias por um planeta que precisava delas desesperadamente.

Eu deveria encontrar Julian no tribunal às nove horas da manhã. Ele havia me informado que planejara uma sessão de treinamento muito especial, que me traria a próxima lição de vida de maneira inesquecível.

Enquanto eu subia a escadaria de concreto do tribunal, um policial correu ao meu encontro. Fiquei surpreso quando vi que ele sabia meu nome.

– Sr. Sandersen?

– S-sim – eu disse, intrigado com o que estaria acontecendo. – O que há?

– Venha comigo, por favor. Sou o policial Perez e tenho ordens de escoltá-lo no prédio. Não posso dizer mais nada. Juramento de segredo.

Parte de mim sentia que Julian estava por trás daquilo. Mas outra parte começava a ficar um pouco preocupada. O policial parecia tão sério. E eu, no entanto, era um cidadão decente, respeitador das leis, que cuidava da própria vida e não se metia em encrenca. O que a polícia poderia querer de mim?

O policial Perez me conduziu por um corredor ladeado de retratos de juízes com toga e vestimentas próprias da ocupação.

Ele andava em silêncio completo, em caráter totalmente oficial. Eu ia um passo ou dois atrás dele. Nunca estivera no tribunal antes e fiquei intrigado com o ambiente. Eu gostava de assistir a todos os dramas jurídicos que tomam conta da televisão hoje em dia. Minha mãe queria que eu fosse advogado.

– Chegamos, sr. Sandersen. Tenha um ótimo dia, senhor – ele disse, com um sorriso.

Eu fora conduzido até a sala número 6 e me encontrava agora diante de duas enormes portas de madeira. O local tinha cheiro de mofo, e os carpetes precisavam urgentemente ser substituídos, após tantos anos de tráfego. Não havia ninguém por perto. Empurrei as portas e entrei na sala, sem a mínima ideia do que me esperava. Meu coração batia rápido.

A sala do tribunal estava vazia, exceto por duas pessoas. Na frente do espaço cavernoso se encontrava um juiz idoso, sentado atrás do banco. E diante dele havia um advogado alto, vestindo um terno cinza com listras discretas, de costas para mim. Sendo um bom conhecedor de ternos de qualidade, eu sabia que aquele era um dos mais caros. O juiz e o advogado estavam discutindo alguma questão, embora eu não ouvisse o que diziam. Ambos pareciam muito animados; o juiz gesticulava muito, enquanto o advogado assentia com a cabeça. Dei alguns passos adiante e me sentei em um dos longos bancos de madeira reservados ao público que desejasse assistir aos julgamentos. Olhei para o chão.

– Aí, não, sr. Sandersen. Aqui – ordenou o juiz, apontando para o assento normalmente reservado para prisioneiros.

– O que eu fiz de errado? – perguntei, esforçando-me para manter a compostura. – Um amigo me pediu que o encontrasse aqui às nove horas. Quando cheguei, o policial Perez me abordou e me escoltou até esta sala. Não tenho ideia do que se trata. Meu amigo deve estar me procurando, e me sinto frustrado por não saber o que estou fazendo aqui. Sou acusado de alguma transgressão?

– O crime da autotraição, amigo – afirmou alto e veemente o advogado, virando-se para mim e começando a rir. Era Julian! Ele se apressou em me dar o mais caloroso abraço. Olhei para o juiz, que estava rindo como uma criança.

– Espero que eu não o tenha assustado, Dar. Este aqui é o Walter... ou melhor, o juiz Ford – disse Julian, piscando para seu cúmplice. – Ele concordou em participar dessa encenação para me ajudar a ensinar a lição de hoje. Walter e eu passávamos muito tempo juntos quando eu trabalhava como advogado, e nós nos tornamos muito amigos. Liguei para ele ontem à noite e lhe pedi um favorzinho.

Dessa vez foi o juiz quem falou, dirigindo-se a Julian com grande afeição e ternura:

– Você foi o melhor advogado que já conheci, Julian. Ninguém tinha suas habilidades para litigar. Realmente, nunca encontrei uma mente jurídica melhor em toda a minha carreira na magistratura. E olhe que já vi muitos advogados brilhantes. Mas é ótimo ver você de novo, meu velho amigo. Todos nós ficamos imaginando para onde você tinha ido quando largou o direito. Que história incrível essa sua transformação no Himalaia! Obrigado por me contar. Mas demora um pouco para a gente se acostumar com sua aparência agora. Puxa, você está jovem de novo! Inacreditável, nunca vi nem ouvi falar de uma coisa assim. Se quiser aparecer para o jantar qualquer noite dessas, minha porta está sempre aberta. Você sabe disso, não sabe, Julian?

– Sei, sim. Obrigado, Walter – respondeu Julian, graciosamente.

– Julian, toda a comunidade legal sente falta de você. E quanto ao senhor, sr. Sandersen, não sei o que Julian está lhe ensinando, mas tenho a impressão de que ele vai mudar sua vida.

– Já mudou, senhor. Já mudou – respondi, sentindo-me mais relaxado e encontrando humor nas infinitas artimanhas de Julian. Eu sabia que ele gostava de deixar as coisas interessantes e um pouco agitadas.

O juiz desceu de seu posto e apertou a mão de Julian com as duas mãos, como fazem os políticos em campanha para mostrar afeto pelos eleitores. Em seguida, saiu da sala por uma entrada discreta, nos fundos.

– Claro que você não cometeu nenhuma infração, meu amigo. Sei que você saiu do estágio da autotraição muitas semanas atrás. Eu só queria fazer algo que trouxesse a sua vida o sexto dos sete estágios para o autoconhecimento. Esse estágio, chamado de A Prova, é uma espécie de julgamento.

– No tribunal?

– Não, Dar. É um julgamento diferente. Antes que o buscador chegue ao destino final de seu eu superior, ele precisa passar por uma prova. Antes de encontrar o tesouro que vem procurando, ele tem de fazer um teste. É assim que funciona a vida. Se você estudar qualquer excelente livro de sabedoria que descreva essa jornada para o autoconhecimento, verá que o buscador, ou herói, sempre enfrenta alguma provação ou adversidade pouco antes de ganhar o prêmio: a vida que ele sempre desejou.

– Por que o mundo é assim, Julian? Por que as leis da natureza são criadas de maneira que façam o buscador passar por uma prova antes do fim da jornada?

– Boa pergunta. Há duas razões para a natureza enviar essa prova. A primeira: ela serve para garantir que o buscador aprendeu e integrou plenamente todas as lições que deveria aprender nesta vida. E a segunda: ela serve para testar o poder de resolução do buscador. *A maioria das pessoas desiste pouco antes de realizar seus sonhos. A maioria das pessoas para quando faltam poucos passos para obter tudo que quer.* É como a velha história do mineiro em busca de ouro. Ele passou a vida inteira procurando a maior pepita de ouro, que o deixaria rico. Um dia, quando estava lascando um pedaço de rocha com seu martelo, resolveu que já tinha o suficiente. Já haviam se passado 35 anos, e ele ainda se esforçava para conciliar as coisas. Esqueceu a rocha, largou o martelo e abandonou a mina para sempre. Na manhã seguinte, um jovem, em seu primeiro dia de trabalho, pegou a rocha grande que o velho mineiro havia abandonado. Notou que ela já fora bastante lascada e decidiu dar um golpe certeiro e forte nela. Então ele não acreditou no que aconteceu: a rocha se partiu em duas, revelando o maior pedaço de ouro que qualquer mineiro já tinha visto. O jovem ficou rico simplesmente porque o velho mineiro não teve a sabedoria e a coragem de persistir até conseguir o que queria.

Julian falava com paixão e entusiasmo. Ele continuou:

– "A adversidade invoca a coragem da alma para suportar, sem desistir, tudo que o céu enviar", disse Eurípides. *Você nunca pode desistir quando aparecer uma prova no caminho.* E muitas provas aparecerão. Sim, antes de sua maior vitória, você vai enfrentar seu maior desafio. Pouco antes de chegar ao ponto *mais alto* de sua evolução pessoal, pode ter certeza de que enfrentará um teste *poderoso*. É isso que aborda o estágio 6. Você enfrentará muitas provas, antes de conquistar as coisas que merecerá por ter mergulhado cada vez mais fundo e se lembrado mais de quem você realmente é. Sabendo que essas provas fazem parte do percurso que o levará de volta para seu autêntico eu, tudo será mais fácil para você: você estará preparado para elas.

– Entendo. E você está certo. O fato de eu saber que vou encontrar contratempos e alguns obstáculos me dá uma compreensão maior de como esse processo funciona. Quando surgirem os reveses, saberei que todos os outros buscadores experimentaram coisa semelhante no caminho. Assim, será mais fácil. E tenho a impressão de que os reveses também acontecem para me fortalecer. As dificuldades nos fazem mais fortes – eu disse. E acrescentei, com um sorriso: – Belo terno, a propósito.

– Peguei emprestado para usar nesta manhã. Eu não podia vir ao Palácio da Justiça sem um. Vir ao tribunal me traz muitas lembranças. Sabe, amigo, eu amo a minha vida nova, esta que tenho vivido desde que voltei da Índia. Nunca me senti tão confortável em minha pele. Sinto que tenho um propósito e vivo a vida a que estou destinado. Acordo todas as manhãs com um sentimento esplêndido de alegria e energia ilimitada, ávido por sair para o mundo e fazer algo de bom com os dons e talentos que me foram concedidos. Não sinto falta de meus antigos modos. Aquele não era eu. Por fora, sei que parecia que eu tinha tudo. Mulheres lindas a minha volta, um estilo de vida exuberante, vitórias judiciais estampadas nas primeiras páginas dos jornais, mais dinheiro do que eu jamais saberia como usar. Mas, por dentro, eu era um morto vivo. Não tinha a menor centelha de vida, minha luz interna era fraca. Aquilo não era jeito de viver e, acredite-me, não sinto a menor falta daquela existência. Mas estar aqui, hoje, me traz muitas lembranças. Fiz muitos amigos na profissão. E conheci muita gente boa. Sabe, Dar, *todas as pessoas* têm bondade dentro de si. Quando as pessoas agem de maneira mesquinha ou ferem os outros, não cometa o erro de acreditar que você está vendo uma representação correta de como elas são. Ninguém é mau, em sua essência; as pessoas apenas *se comportam* de maneira ruim. Não estou dizendo, de jeito nenhum, que você deve permanecer na companhia de quem o trata mal. Claro que você precisa impor limites e se proteger. Estou apenas dizendo que você não deve cair na ilusão de que existe um ser humano mau. Quem comete atos vis ou dolorosos foi profundamente ferido por outras pessoas. Nunca tome tais atos como pessoais, pois não são.

– Entendo, Julian. Interessante. Na nossa sociedade, julgamos muitas coisas. Alguém faz algo de que não gostamos e nós imediatamente o rotulamos de mau, cruel, egoísta ou manipulador. Entendo que você diz que essa é uma maneira muito superficial de ver a situação. Precisamos escavar mais fundo para descobrir a verdade. Ser um buscador implica você chegar à verdade do que está realmente acontecendo em determinada situação, ou na vida de um modo geral, não é isso?

Julian assentiu e sorriu. Ele estava contente com tudo que eu estava aprendendo. Continuei:

– Num nível mais profundo, as pessoas que agem de maneira rude estão, na verdade, reprisando o filme de suas vidas. Estão repetindo os padrões e as formas de comportamento que aprenderam na infância, numa tentativa de se encaixar e sobreviver no mundo. Elas não conhecem uma alternativa. Estão tão adormecidas para o que acontece internamente com elas que culpam o mundo exterior quando a vida não dá certo. Com isso, nunca trazem suas sombras, aquelas sombras que sempre as dominaram, para a luz da consciência. Por isso, continuam pequenas e presas na mentira que é sua vida. E, quando aprendem um jeito mais sábio e melhor de fazer as coisas, elas começam a viver uma vida mais sábia e melhor. Quando percebem que, para a vida mudar, *elas* precisam mudar, essas pessoas acordam e começam a caminhar em direção a sua vida maior.

Julian bateu palmas. Depois, subiu na reluzente mesa que estava a sua frente e começou uma estranha dança. Eu não tinha certeza se ele a aprendera no Himalaia ou com alguém que ele havia treinado. Eu jamais tinha visto algo parecido. Julian me viu rindo, mas não ligou. Ele agitava as mãos no ar e mexia os pés de um lado para o outro. Alguns minutos depois, desceu da mesa e me conduziu para fora da sala.

– Deixe que esta sala de tribunal e a prova simulada que apresentei lembrem você do estágio 6 dos sete estágios para o autoconhecimento. Antes de acontecerem coisas ótimas, às vezes acontecem coisas difíceis. E, por favor, deixe que minha dança esdrúxula o lembre de que a vida é um jogo. Não a leve muito a sério. Divirta-se. Dance. Ria. Tenha uma dose saudável de perspectiva. Eu sei que você enfrentou momentos difíceis, recentemente. Estou sensível a isso. Mas eu o convido a se lembrar de que você tem muitas bênçãos em sua vida. Você sabia que no planeta, hoje em dia, mais de um bilhão de pessoas vai para a cama com fome, todas as noites? Há crianças sem comida. Há pessoas trancafiadas e torturadas na prisão. Há outros seres humanos, nossos irmãos e irmãs nessa tribo chamada humanidade, presos em quartos de hospitais, lutando para sobreviver à devastação provocada por alguma doença. Há muitas pessoas que têm muito menos do que nós. E meu coração chora por elas. Eu gostaria de ajudar cada uma delas. Lembre-se do que disse Madre Teresa: "Não há grandes atos, apenas pequenos atos feitos com grande amor".

– Ela disse também: "Se eu não começasse por aquela primeira pessoa em Calcutá, não teria feito nada pelas 42 mil" – acrescentei. – Li isso num dos livros que estou estudando. E você tem razão, Julian. No passado, eu sempre focava aquilo que me faltava na vida, e não o bem que eu tinha. Acho que a maturidade como ser humano consiste em amar o que você tem em vez de se preocupar demais com ter o que você ama. Eu sei que você acredita que precisamos ser ativos e ir atrás de nossos sonhos. Mas também ouço você dizer que é importante ter um profundo sentimento de gratidão pela vida.

– Isso me faz pensar naquele antigo provérbio persa: "Eu amaldiçoei o fato de não ter sapatos até ver um homem que não tinha pés" – observou Julian.

Saímos do tribunal em silêncio. Julian havia olhado de relance para os quadros nas paredes do corredor quando caminhamos até a saída. Julian parou e ficou olhando para o verdejante parque do outro lado da rua. Colocou a mão no bolso interno do paletó e me deu um pedaço de papel timbrado, do tipo que os advogados usam para fazer anotações durante os julgamentos. Na parte de cima, dizia: "Regras para passar nas provas".

– Pegue, amigo, isto é para você – disse Julian, entregando-me a folha. – Eu gostaria que você memorizasse essas regras para que, quando os momentos desafiadores aparecerem no caminho do despertar de seu eu superior, você tenha algumas ideias e ferramentas específicas para ajudá-lo a atravessar esses obstáculos. – Ele fez uma pausa e olhou para o céu. E ouvi quando disse as seguintes palavras, endereçadas a ninguém especificamente:

– Por favor, dê-me forças para prestar o melhor serviço possível.

Então, Julian olhou para mim mais uma vez. Havia tristeza em seus olhos. Ele disse:

– Você é um homem poderoso. Poucos meses atrás, estava prestes a tirar a própria vida. Mas alguma coisa dentro de você não o deixou. Pelo contrário, você começou a deixar a vida conduzi-lo, e começou a se abrir para um novo modo de ver as coisas. Isso requer imensa coragem e revela muito sobre a pessoa que você é. Desde que comecei a treiná-lo, você tem investido sua confiança em mim e seguido minhas instruções, por mais estranhas que elas às vezes pareçam. Você mergulhou fundo, confrontou suas resistências, investigou suas sombras e abriu o coração. Você é um homem bom, no processo de se tornar ótimo, Dar. Sinto profundamente que o mundo precisa de mais pessoas como você, mais homens e mulheres que escutem o coração e despertem para sua melhor vida. Parte-me o coração ver pessoas vivendo apenas uma fração minúscula de seu poder e potencial. Magoa-me ver pessoas agindo de maneira egoísta, colocando os próprios interesses acima dos interesses dos outros, quando deveriam estar vivendo de maneira a ajudar os outros *e* a si próprias. Você sabe quanto cada pessoa no planeta seria feliz se usasse um pouco de seu tempo, todos os dias, para servir aos outros? Você tem ideia da alegria que entra no ser de uma pessoa quando ela se dedica a criar valor real e duradouro para os outros? O ato de ajudar os outros a realizar seus sonhos, analisado sob essa perspectiva, é um grande presente que você dá a si mesmo. Mas a maioria das pessoas não enxerga essa verdade.

Julian ficou em silêncio por um instante e então continuou:

– A maioria das pessoas vive com uma venda sobre os olhos, pensando que o mundo que elas veem é a única realidade. Você sabe disso agora. E elas pensam que a vida medíocre e pequena que estão levando é a única vida que lhes é disponível. A vida de cada um de nós é destinada a ser grandiosa. Isso faz parte do "esboço do destino" que já nos foi preparado. Mas cabe a nós desenvolver os detalhes do destino. É aquela parceria de que falei em uma sessão anterior de nosso treinamento. A vida é um processo cocriativo. Faça o melhor que puder. Vá atrás de seus sonhos. Abra seu coração. Faça o trabalho interno. Parta para a ação. Levante cedo e seja disciplinado. Faça o que puder para fechar a fenda na integridade, pare de reciclar e observe os quatro despertares. E então, só então, deixe a vida fluir e aceite o que vier, sabendo que é o melhor para você.

A fé que Julian tinha no potencial do ser humano me tocava. Ele acreditava em uma sociedade em que muitas pessoas já não tinham mais a noção de que cada um de nós pode ser grande. Em algum lugar do caminho, a maioria das pessoas caíra na mentira de que a grandeza era reservada para uns poucos escolhidos. Em algum lugar do caminho, alguém nos vendera a ideia de que nossa vida não era destinada a ser extraordinária. Julian, porém, sabia qual era a verdade. Ele sabia que estamos destinados à grandeza. Ele compreendia que estamos programados para brilhar. Ele enxergava a verdade de que ninguém é supérfluo no planeta e que todos nós temos o dever de causar um impacto na vida daqueles que nos cercam e abençoá-los.

– Preciso viajar amanhã. Minha próxima tarefa é na Inglaterra, e tenho de tomar o avião às nove da noite. Fico triste por deixar você, amigo. Tenho muito orgulho da pessoa que você se tornou e da que ainda se tornará. Você merece tudo que está lhe acontecendo. Eu ofereci o caminho e transmiti a sabedoria. Mas você teve a bravura e o bom senso de executar o conhecimento que eu lhe passei. Sabedoria sem execução é inútil.

Eu não podia acreditar que Julian ia embora. Eu aprendera a amar aquele homem de poucas posses que dirigia carros velozes e às vezes usava trajes finos. Aprendera a respeitá-lo muito e a me importar com o seu bem-estar. E, para ser sincero, sentia certo medo, agora que ia ficar sozinho no caminho, sem um guia. Como sempre, Julian percebeu o que eu estava sentindo.

– Você sabe que nunca estará sozinho, Dar. Agora você tem Sasha. E precisa saber que, à medida que avançar no caminho, atrairá naturalmente mais buscadores a sua vida. Encontrará mais apoio do que jamais imaginou. Por favor, não se preocupe. E também se lembre de que, no fim, todas as respostas residem dentro de você. Você não precisa de um guia. Essa jornada não consiste, na verdade, em aprender coisas, e sim em se lembrar de coisas que havia esquecido. O Buda de ouro já está dentro de você. Só o que tem a fazer é remover as camadas, e tudo estará bem em seu universo.

– Obrigado, Julian. Eu amo você como a um pai, sabia?

– Eu sei. Obrigado. Vou assistir à ascensão de sua estrela. Vamos nos encontrar amanhã às cinco horas. Eu gostaria que você fosse me ver no cemitério Rolling Hills. Sei que você vai perguntar por que lá, mas as respostas logo ficarão evidentes.

Julian me deu um de seus característicos abraços apertados e então desceu devagar os degraus do tribunal. Eu o vi cumprimentar um mendigo e entrar no parque. Meus olhos se encheram de lágrimas, enquanto eu o acompanhava com o olhar. Haveria um grande vazio em minha vida, sem Julian.

Olhei para a folha em minhas mãos. Dizia: "Regras para passar nas provas". Havia sete regras, e eu sabia que seriam úteis para me ajudar nos momentos difíceis. Diziam o seguinte:

Regra 1: Lembre-se de que a vida é uma série de estações. Todo ser humano tem de tolerar o rigor de alguns invernos para alcançar a glória dos melhores verões. Nunca se esqueça de que os invernos não duram.

Regra 2: Seja membro do Clube da Esperança. Metas grandes, belas e aparentemente impossíveis são ótimos veículos para manter você inspirado enquanto atravessa a adversidade. Eu já citei estas palavras de Da Vinci para você: "Fixe seu curso a uma estrela e você poderá navegar em meio a qualquer tempestade". Quando você for atrás daquelas grandiosas e nobres metas que têm a ver com o que há de melhor em você, seu desejo de alcançá-las o impulsionará nos momentos difíceis que surgirem no caminho.

Regra 3: Lembre-se, o tempo todo, de que o que mais nos faz crescer é nosso sofrimento. Enquanto o experimentamos, ele machuca. Mas, quando o superamos, ele também cura. Quando uma jarra de água cai no chão e se parte, o que estava dentro começa a escorrer. Quando a vida colocar uma curva em seu caminho, lembre-se de que ela veio para ajudá-lo a se abrir, de modo que todo o amor, o poder e o potencial que viviam adormecidos em você escorram para o mundo exterior. Assim como um osso fraturado, *nós nos tornamos mais fortes nos lugares quebrados.*

Regra 4: O fracasso é uma escolha. Nada pode deter um homem ou uma mulher que se recusam a ser detidos. O livro que mencionei – *O empreendedor* – será muito útil para você nesse sentido. Leia-o frequentemente. Tome a decisão, a partir do centro de seu coração, de sempre – *aconteça o que acontecer* – continuar em seu caminho autêntico. Isso lhe garantirá uma vida de verdadeiro sucesso.

Regra 5: Nos momentos árduos, há uma tendência de nos abandonarmos. Quando você encontrar adversidades, tenha a disciplina de manter sua rotina. Levante cedo. Faça sua hora sagrada. Alimente-se muito bem. Passe algum tempo em contato com a natureza. E certifique-se de fazer tudo que for possível para manter suas quatro dimensões centrais – mente, corpo, emoções e espírito – em perfeita ordem operacional.

Regra 6: Sinta seus sentimentos. Em momentos difíceis, algumas pessoas lhe dirão que você deve "ter apenas pensamentos positivos". Esse conselho *não serve* para nada. Embora eu concorde que não é possível dirigir o carro para frente se o olhar estiver fixo no espelho retrovisor, e que viver no passado não é saudável, não se pode reenquadrar um evento negativo em algo positivo. Isso seria cair na negação. Sinta os sentimentos de mágoa, raiva ou tristeza que vêm à tona naturalmente. Não há problema em senti-los. Aliás, é até saudável. Se você os processar, poderá se livrar deles. Só não fique preso a esses sentimentos. O segredo é realmente atingir um equilíbrio. Experimente os sentimentos que despertam em você, para não acabar reprimindo-os e deixando que infeccionem. Ao mesmo tempo, use seus poderes intelectuais para ver o céu azul por trás das nuvens negras. Não se trata de um processo científico, e, afinal de contas, você precisa fazer o que lhe parece certo.

Regra 7: Lembre-se de que, por mais difíceis que sejam as coisas, *você nunca está sozinho.*

Dobrei a folha de papel. A sabedoria de Julian era profunda, além de prática, embora eu não tivesse certeza do que ele queria dizer sobre nunca estar sozinho. Imaginei que o tempo e a experiência me trariam a resposta. Eu estava descobrindo que a vida é o melhor professor.

Sentei-me nos degraus daquele tribunal por uma hora ou mais. Fiquei observando as pessoas passarem e os pássaros voarem bem alto no céu. Sentia os raios do sol no rosto e uma brisa suave roçando meus cabelos. Julian ia embora no dia seguinte. Meu treinador ia me deixar. Ele havia trazido tanta coisa a minha vida, então jurei que começaria a lhe retribuir.

10

O buscador desperta

Quando você é inspirado por algum grande propósito, algum projeto extraordinário, todos os seus pensamentos desfazem as amarras; sua mente transcende as limitações, sua consciência se expande em todas as direções e você se vê em um mundo novo, grandioso e maravilhoso. Forças, faculdades e talentos adormecidos ganham vida, e você descobre que é uma pessoa muito melhor do que jamais sonhara ser.

– Patanjali

O sol estava nascendo, enquanto eu ia de carro até o cemitério Rolling Hills. Esse cemitério pequeno e pouco conhecido situava-se fora da cidade, em um lugar famoso por seus espaços abertos e pelos lindos prados. Saí da rodovia e peguei uma estrada cheia de curvas, passando por um lago onde eu costumava pescar com meu pai quando era criança.

Quando cheguei ao cemitério, ouvi uma cantoria alta. Parei, desci do carro e percebi que alguém estava ouvindo o que me parecia ser um CD de cântico gregoriano. Com a música e a neblina da manhã que ainda cobria as colinas da região, todo o ambiente adquiria um ar místico. Não vi Julian em lugar algum.

Andei pela trilha de terra até o pequeno prédio que se encontrava no topo de uma colina coberta de grama. Enquanto caminhava até a elevação, olhei para o campo de cruzes e refleti nas vidas que elas representavam. Mais do que nunca, percebi que mesmo a vida mais longa é incrivelmente curta quando comparada com a eternidade. Damos valor demais às coisas triviais da vida, esquecendo o que é mais importante e não pensando que a vida passará por nós, a menos que entremos no jogo. Com frequência, no momento em que acordamos, percebemos que já é tarde demais e que nossos melhores anos já se foram.

Eu havia passado muito tempo de minha vida buscando reconhecimento e fortuna. Mas, por mais que eu conseguisse isso, nunca era suficiente. Parecia um vício. Nada satisfazia aquele anseio, e, ainda que eu lutasse contra a sensação, ela estava sempre de volta. Na luta, eu havia perdido o que me era mais precioso. Sabia, agora, que jamais cometeria o mesmo erro. Claro que o sucesso externo era importante. Eu gostava do fato de a filosofia de Julian para a realização pessoal permitir que você ganhe dinheiro, tenha coisas boas e esteja "no mundo". Na verdade, ele sugeria que esses interesses eram muito positivos. Nós somos seres espirituais, mas vivemos num mundo muito humano, e não haveria motivo para nos desculparmos por gostar dos presentes materiais que este mundo nos dá. A grande ideia de Julian era que a busca por essas recompensas passageiras não deveria ser o *principal* objetivo da vida. Era realmente uma questão de prioridades, e o despertar de meu melhor eu teria de ser a prioridade número 1.

Quando me aproximei do prédio, a música ficou mais alta. Eu sabia que Julian estava em algum lugar próximo. Aquele era, sem dúvida, mais um de seus cenários inortodoxos para o treinamento. Logo comecei a sorrir.

– Julian – chamei. – Eu sei que você está por aqui. Diga-me de uma vez onde você está.

Não houve resposta. Falei mais alto:

– Vamos, Julian. Eu sei que você está aqui. Cadê você?

Em seguida, vi uma figura se aproximando em meio à neblina. Era Julian, e estava vestindo a túnica, com o capuz cobrindo a cabeça. Em ambas as mãos ele carregava flores novas. E nas costas, a mochila.

– Bom dia, Dar – ele disse, sério. – Vou para o aeroporto mais tarde, hoje. Mas queria me encontrar com você antes. Esta é nossa última sessão de treinamento juntos. Preciso lhe passar o estágio final dos sete estágios para o autoconhecimento. Por favor, siga-me – Julian me instruiu, conduzindo-me para longe do prédio, até as lápides. A música continuava tocando.

Andamos por apenas um ou dois minutos, e de repente Julian parou diante de uma cova vazia, recém-cavada. Ajoelhou-se e cercou a cova com as flores que trazia. Agia em completo silêncio e parecia respeitar o local sagrado onde estávamos.

– Julian, de quem é esta cova? – perguntei, discretamente.

– Sua – ele respondeu.

Eu não tinha a menor ideia do que ele queria dizer com aquele comentário. Em nosso dia a dia, as pessoas nos dizem certas coisas e agem de determinadas maneiras. Grande parte do sofrimento que experimentamos como seres humanos advém do fato de fazermos certas pressuposições quanto ao que nos acontece. Por exemplo, chegamos ao nosso local de trabalho e um colega não nos cumprimenta. Deduzimos que ele está zangado conosco. É uma dedução falsa. A verdade pode ser que o filho dele esteja doente, e ele, preocupado. O único meio de aferir a verdade é ter a coragem de fazer perguntas para esclarecer as coisas. Isso significa simplesmente ter uma boa comunicação. Mas a maioria das pessoas nunca faz isso. Nas semanas anteriores, eu me comprometera a descobrir a verdade em todas as situações. Percebi que, no passado, eu vivia interpretando erroneamente determinadas situações, e resolvi passar a falar minha verdade quando precisava de mais respostas.

– Julian, o que você está dizendo? Como esta pode ser a minha cova? Eu não estou morto. Nunca estive mais saudável e mais feliz. Nunca estive tão vivo. O que você está sugerindo? Estou um pouco confuso.

– Calma, amigo. Esta cova é apenas uma metáfora para a última lição que tenho de lhe passar. Esta cova *poderia* ser a sua. Poderia ser de qualquer um. A questão é simples: *para despertar para sua melhor vida, é importante você morrer enquanto está vivo.*

– Como assim?

– A maioria das pessoas vive como se tivesse todo o tempo do mundo. Elas gostariam de ter mais tempo em seus dias e, no entanto, desperdiçam o tempo que têm. Adiam a vida até que ocorra algum evento no futuro. Essas pessoas dizem: "Vou poder ficar mais tempo com minha família quando conseguir aquela grande promoção", ou "Vou me divertir mais na vida quando meus filhos crescerem", ou "Vou realizar meus sonhos quando ganhar um pouco mais de dinheiro", ou "Minha saúde vai melhorar quando acabar esse momento estressante". *A vida não espera ninguém.* Uma das coisas mais importantes que posso lhe ensinar é ligar-se a sua mortalidade, regularmente. Lembre-se de que o tempo é nosso bem mais precioso. Dizer a si mesmo que você será uma pessoa melhor em algum momento no futuro é muita presunção. Você ou eu podemos morrer amanhã. Como eu lhe disse quando nos encontramos no The Q, nenhum de nós sabe quando vai chegar a nossa hora. Todo dia deveria ser vivido como se fosse seu último dia no planeta. Trate todas as pessoas que você encontra como se nunca mais fosse revê-las. Corra grandes riscos no decorrer de suas horas e aproveite todas as oportunidades de grandeza pessoal, conforme elas se apresentarem. Sugiro que você se levante cedo e bem-disposto todos os domingos, ou pelo menos alguns domingos, e venha aqui. Faça isso sozinho. Que seja um ritual.

– E o que exatamente devo fazer, quando chegar aqui?

– Ligue-se a sua morte. Pense na vida que você sabe que é capaz de criar e lembre-se de que você se desvaloriza quando não vive nem respira essa vida a cada dia. Cada momento na terra é uma oportunidade gigante. Eu já lhe disse isso, Dar. Cada dia em que você acorda é um presente que deve ser celebrado. Seu destino é brilhar. Venha até aqui para se religar com a delicadeza da vida. Pense nisto: algumas pessoas que acordaram hoje estarão mortas antes do pôr do sol. A maioria nem imagina que isso vai acontecer. Todas tinham grandes planos para o momento certo, no futuro. *Ninguém planeja morrer.*

Aquela última frase me atingiu em cheio. Eu sabia que estava vivendo de maneira mais consciente e com uma sensação maior de alegria e entusiasmo do que em qualquer época anterior da vida. Mas ainda estava me retraindo. Estava retraindo parte de meu amor por Sasha. Eu podia ser muito mais para ela. E, refletindo melhor, percebi que por trás da resistência havia medo. Eu tinha medo de que, se abrisse meu coração totalmente para ela, seria magoado ou talvez explorado. Meu medo não tinha base na realidade – Sasha era uma mulher incrível, em todos os sentidos. Mas os medos não costumam mesmo ter base na realidade; são meras ilusões que nós criamos. E realmente eles têm menos de dez centímetros de profundidade.

Eu também ainda não me dava por completo a meus filhos. Eu sabia que poderia ser um pai extraordinário e, naquele momento, prometi a mim mesmo que seria. Quanto mais eu pensava nisso, mais via que havia muito mais que eu podia fazer e ser. Por que não ser um dos maiores líderes em minha área? Por que não acrescentar um valor incrível a centenas ou até milhares de vidas? Por que não chegar mais perto do estado de iluminação do que eu imaginara ser possível?

– Você se lembra do exercício que lhe pedi para fazer quando nos encontramos na escola? – perguntou Julian.

– E como poderia esquecer? – respondi, com outra pergunta. – Você me pediu que escrevesse meu obituário. Pediu que eu escrevesse a história de minha vida para que tivesse a sabedoria e a consciência de vivê-la de trás para frente. Sabendo aonde eu sonhava chegar no fim, eu poderia fazer as escolhas necessárias em cada momento de cada hora de cada dia para chegar lá.

– Isso mesmo.

– E eu leio com frequência meu obituário em voz alta, durante minha hora sagrada, pela manhã. Logo quando acordo, geralmente é uma das primeiras coisas que faço. O ato em si já fez uma profunda diferença em meu modo de pensar, sentir e agir no dia a dia.

– Isso me leva elegantemente ao sétimo e último estágio do processo para o autoconhecimento. Quando você abandona a mentira que foi sua vida e decide embarcar no caminho da verdade, no Ponto de Escolha...

– Os estágios 1 e 2 do processo – interrompi.

– Correto. Bem, depois de passar por esses dois estágios, você chega ao terceiro, quando começa a ver com novos olhos. Começa a descobrir a verdade. Percebe quanto poder estava adormecido em você. Torna-se mais consciente de como vivia se autotraindo e se limitando. Começa a ver como este nosso mundo é maravilhoso e quanta alegria o aguarda. O que vem em seguida, amigo? – Julian perguntou.

– O estágio 4. É quando o buscador, avançando pelo caminho, tem fome de respostas às muitas perguntas que vêm à tona. Nesse estágio, o buscador procura guias e mestres para ajudá-lo no caminho. Todo o novo aprendizado e a percepção aguçada que ele está recebendo levam à confusão.

– Sim. As próprias fundações sobre as quais o buscador se firmava desmoronam. Todas as crenças e pressuposições sobre como o mundo funciona e qual é seu papel nele são questionadas e reavaliadas. O estágio 5 é um momento de enorme tumulto e mudança. É também o período de um lindo crescimento pessoal. A crisálida pode estar experimentando a escuridão do casulo, mas adivinhe o que está de fato acontecendo?

– Uma borboleta está nascendo – respondi, confiante.

– É isso mesmo. *E é muito bom*. Em seguida, vem a prova inevitável que todo buscador experimenta no caminho. Pouco antes da grande vitória, a vida sempre envia um difícil teste ao viajante. Nossa reação, nesse momento, define nosso destino, em muitos sentidos. A melhor atitude é ser corajoso e seguir em frente. E agora, claro, chegamos ao estágio final, O Grande Despertar do Eu. Você experimentou todos os estágios neste tempo em que estivemos juntos. Sim, eu montei alguns cenários para você, para que todas as etapas do processo adquirissem vida. Fiz isso para ajudá-lo a aprender e melhorar sua compreensão. Mas muito do que você experimentou aconteceu organicamente. Ao sair da mentira e escolher o despertar, você mesmo procurou livros e guias que o ajudassem a aprender e construir sua base de sabedoria. Com isso, você experimentou a confusão e a transformação que o estágio 5 apresenta. Mas, como não desistiu, ocorreu uma transformação *real* em sua vida. Está tudo muito diferente do que há bem pouco tempo, não está?

– Sem dúvida. Minha vida ficou bonita, Julian. Nunca estive tão feliz como agora. Sou muito grato a você.

– Não por isso, Dar. Depois que eu for embora, a vida lhe trará cenários e experiências próprias, e você passará por alguns desses estágios sem a minha presença. A vida se tornará seu treinador e seu melhor professor, se você a deixar.

Julian passou a mão sobre o bordado da túnica e continuou:

– O estágio 7 é o destino final. Chegar completamente a esse ponto é alcançar a iluminação. Como já mencionei, poucas pessoas chegam a esse lugar elevado. Mas isso vai mudar. Quero que você me ajude a espalhar minha filosofia a todos aqueles cuja vida você tocar. Tenho a forte impressão de que você quer me dar algo em troca pelo que lhe dei. Saiba, por favor, que não preciso de nada material. Claro que me diverti dirigindo minha velha Ferrari e usando aquele terno magnífico no tribunal. Mas essas coisas não são as mais importantes para mim. Eu quero mudar o mundo, meu amigo. Quero causar um impacto no maior número de pessoas possível. Espiritualmente, fui infeliz como advogado na luta cotidiana. Minha vida estava completamente desequilibrada e dramaticamente fora de controle. Mas olhe para mim agora. O que aprendi no alto daquelas montanhas funciona, e quero que cada pessoa que eu tiver a oportunidade de influenciar descubra o que descobri lá, com aqueles sábios iluminados. A única coisa que lhe peço é que você diga aos outros o que eu lhe transmiti. O melhor meio de aprender é ensinar; portanto, você fará um favor a si mesmo.

Julian se aproximou de mim e colocou as duas mãos em meus ombros. Ele olhou para o céu azul uma última vez, depois fechou os olhos e disse:

– Dar, você foi um aluno excelente. Estou felicíssimo por você, com relação ao modo como sua vida está hoje. Você está destinado a lugares magníficos e não pode imaginar as maravilhas que o aguardam. Gostei demais do tempo que passamos juntos. Você me tratou com grande gentileza, respeito e amor. Por favor, continue escutando aquela pequena voz que está crescendo dentro de você. É o chamado de seu coração; se confiar nele, ele o levará aonde você quer ir. Continue deixando os talentos que você recebeu verem a luz do dia. Continue dando valor a todas as pessoas em sua vida. E persista nesse caminho, surja o que surgir. Assim, sua vida será grandiosa e seu legado será enorme.

Julian abriu os olhos. Uma única lágrima escorreu-lhe pelo rosto e caiu na túnica. Ele olhou para a marca e riu.

– Todo fim é um novo começo. Foi você quem me ensinou isso; não se esqueça, treinador – eu disse, em tom de brincadeira.

– Bem lembrado, amigo. Mas é difícil abandonar as pessoas que eu amo. Você e as outras pessoas que treinei desde que voltei da Índia são meus heróis. A bravura que todos vocês demonstraram me torna humilde. Eu gostaria de ficar aqui e guiá-lo em seu caminho. Mas não é disso que você precisa. E não é isso que estou destinado a fazer. Antes de ir, quero fazer uma coisa. Posso? – perguntou ele.

– Claro, Julian. Qualquer coisa que você fizer está bom para mim.

Julian tirou a mochila das costas e a abriu. Tirou de dentro um diário desgastado, encadernado com couro, e o abriu numa página específica. De pé, à beira da cova, com uma voz forte e alta, ele disse:

– Quero fazer uma coisa que nunca fiz. Quero ler meu obituário em voz alta.

Fez uma pausa e então leu as seguintes palavras:

O obituário de Julian Mantle

Julian Mantle era um homem que acreditava no poder do espírito humano como uma força para o bem no planeta. Ele era um idealista e um indivíduo que acreditava verdadeiramente que toda pessoa viva pode fazer uma diferença genuína, se aceitar o chamado de sua vida.

Julian era um homem simples. Amava os grandes livros, o pôr do sol, as noites estreladas e um bom pedaço de bolo de chocolate de vez em quando. Mais do que tudo, Julian amava as pessoas e passou a vida ajudando-as a descobrir quem elas realmente são.

Ele cometeu muitos erros na vida. Mas aprendeu com eles. Encontrou muita dor pessoal, mas cresceu com ela.

Julian nunca fugiu de seus medos. Pelo contrário, corria ao encontro deles e, com isso, reconquistava sua liberdade. Ele era autêntico, corajoso e amável.

Julian morreu ontem à noite, na tenra idade de 108 anos. Ele tocou muitas vidas, e sua presença fará falta.

Ouvindo as palavras de Julian, comecei a chorar. Quando levantei os olhos, vi que ele havia partido. Olhei o campo, mas ele não estava em lugar algum. Ainda dava para ouvir o cântico gregoriano vindo de alguma parte do pequeno prédio, e o sol brilhava forte. Não havia uma única nuvem no céu.

Enquanto eu voltava por entre as lápides, notei uma coisa reluzente na grama. Abaixei-me e fiquei surpreso com o que vi. Era um pequeno Buda de ouro preso a um longo e fino pedaço de couro, podendo assim ser usado em volta do pescoço. Nas costas daquele objeto cuidadosamente trabalhado estavam escritas estas palavras, com letras bem miúdas:

Desperte seu melhor eu e continue brilhando.
Com amor, JM

Coloquei o presente de Julian no pescoço e caminhei até onde estava o carro. Não parava de sorrir. Minha vida havia ficado bonita.

Os sete estágios para o autoconhecimento

Estágio 1 Vivendo uma Mentira (O estágio da autotraição)

Estágio 2 O Ponto de Escolha (O estágio de relaxar o controle e quebrar as correntes)

Estágio 3 Percepção dos Prodígios e das Possibilidades (O estágio de ver com novos olhos)

Estágio 4 Instrução dos Mestres (O estágio do aprendizado, da falha e da preparação)

Estágio 5 Transformação e Renascimento (O estágio do esvaziamento e do reenchimento)

Estágio 6 A Prova (O estágio do teste e da confirmação)

Estágio 7 O Grande Despertar do Eu (O estágio da intrepidez)

As cinco devoções diárias

1 Levante-se às cinco horas todas as manhãs. Aqueles que se levantam cedo são os que mais aproveitam o que há de melhor na vida.

2 Reserve os primeiros sessenta minutos de seu dia como sua "hora santa". Será seu momento sagrado para fazer o trabalho interior (oração, meditação, escrever no diário, ler literatura de sabedoria, refletir no estado de sua vida) que o ajudará a viver o melhor de sua vida.

3 Mostre um padrão de cuidado, compaixão e caráter bem além do que as pessoas poderiam imaginar de você. Com isso, você estará fazendo a sua parte em ajudar a construir um mundo novo.

4 Mostre um padrão de excelência no trabalho superior ao que as pessoas esperariam de você. Abundância e realização fluirão de volta a você.

5 Seja a pessoa mais amável que você conhece, e pense, sinta e aja como se fosse uma das melhores pessoas que existem no planeta atualmente (porque você é). Sua vida nunca mais será a mesma, e você abençoará a vida de muita gente.